KB187029

프로이트와 슈퍼히어로

정신분석이 슈퍼히어로를 만날 때

Freud et les super-héros
by Anthony HUARD

Copyright ⓒ Éditions de l' Opportun 2022
Korean Translation Copyright ⓒ Purun Communication 2023
All rights reserved.

This Korean edition was published by special arrangement with
Les Éditions de l' Opportun in conjunction with their duly appointed agent
2 Seas Literary Agency and Bestun Korea Agency.

이 책의 한국어판 저작권은 베스툰 코리아 에이전시를 통해 저작권자와의 독점계약으로 푸른커뮤니케이션에 있습니다. 저작권법에 의해 한국 내에서 보호를 받는 저작물이므로 무단전재와 무단복제를 금합니다.

프로이트와 슈퍼히어로

정신분석이 슈퍼히어로를 만날 때

앙토니 위아르
지음

이세진 옮김

필로소픽

차례

일러두기

- 외국 고유명사 표기는 국립국어원의 외래어표기법을 따르되, 일부는 통용되는 표기를 따랐다.
- 인용에 삽입된 [ ] 안의 내용은 지은이가 덧붙인 것이며, 그 밖의 본문에 삽입된 [ ] 안의 내용은 옮긴이가 덧붙인 것이다.
- 별도의 표시가 없는 주석은 모두 지은이가 작성한 것이다. 옮긴이가 작성한 주석의 경우 주석 내용 앞에 [옮긴이 주]를 붙여 구분했다.
- 본문에 언급된 정신분석학 원전이나 코믹스, 영화 등의 제목은 국내 번역본의 제목을 참고하되 옮긴이가 직접 번역했다. 시리즈 출판물, 단행본 등의 제목은 《 》로, 논문, 단편, 짧은 글, 책의 장, 드라마, 영화 등의 제목은 〈 〉로 묶어 표시했다.

머리말

불가능한 만남?

프로이트와 슈퍼히어로라니, 이 얼마나 놀라운 만남, 시대를 뛰어넘는 조합인가! 그렇지만 슈퍼히어로라고 해서 무의식이 없으란 법 있나? 좀 더 과감하게 가보자. 슈퍼히어로는 코스튬으로 가장한 우리 무의식의 인물들이 아닐까?

공통점

정신분석과 슈퍼히어로에게는 일단 근본적인 공통점이 있다. 둘 다 서사narration의 문제다. 슈퍼히어로 이야기가 자기 자신을 넘어서는 한 인물의 서사라면 정신분석은 개인을 다시금 자기 이야기의 주인공으로 삼는 이야기화mise en récit다. 이 둘을 결합하면, 슈퍼히어로가 우리의 내밀한 부분을 밝히는 정신분석과 다르지 않고 정신분석은 우리 삶에 영웅적 차원을 부여하는 방식이라는 가설을 세울 수 있을 것이다. 정신분석의 목표가 개인적 곤경이나 우리 내면의 적을 물리치는 것이라면, 슈퍼히어로의 목표는 가능한 길을 보여주고 거듭되는 싸움에도 끈질기게 남는 것을 보게 하며 자신의 천형天刑과 계속 맞서는 것이다.

정신분석의 탄생과 미국 만화의 슈퍼히어로의 탄생을 살펴보자면 그 둘을 연결하는 또 하나의 놀라운 공통점이 있다. 둘 다 유대인이 만들어냈다는 공통점이다. 정신분석 기법의 창시자는 신경학에 천착했던 오스트리아 유대인 의사 지기스문트 슐로모 프로이트, 일명 지크문트 프로이트다. 그는 '수요심리학회'라는 거의 영웅적인 명칭의 팀을 꾸렸는데 알프레트 아들러, 헬레네 도이치, 오토 페니켈, 오토 랑크, 빌헬름 스테켈을 위시한 유대계 정신분석학자들이 여기서 활약했다. 프로이트는 부단한 문제 제기와 연구 작업을 통해서 전례 없는 혁명적 목표가 달린 기법을 고안했다. 말을 통한 치유, 그리고 인간은 그가 어찌할 수 없는 힘들에 이끌리고 그 모순적인 힘들이 내면의 심리적 갈등을 불러일으킨다는 것을 그 기법을 통해 보여주기. 프로이트가 정신분석으로 발견한 인간 정신은 힘의 실체들이 벌이는 싸움을 장면들로 연출한 만화와도 같다.

미국에서 처음으로 슈퍼히어로를 만들어낸 만화가들도 유대인이었다. 역사적으로 살펴보자면 그들은 이제 막 탄생한 문화 산업에 몸담은 셈이었는데, 그 이유는 코믹스 업계가 신문 만화strips 업계만큼 폐쇄적이지 않았기 때문이다. 1938년, 1939년에 제리 시걸과 조 슈스터는 슈퍼맨을 만들었고 빌 핑거와 밥 케인은 배트맨을 만들었다. 그 후에는 스탠 리버(일명 스탠 리), 제이콥 커츠버그(일명 잭 커비)는 스파이더맨, 헐크, 토르, 엑스맨, 판타스틱 포 같은 마블 사의 상징적인 캐릭터들을 다수 내놓았다.

당시 코믹스 만화가는 사회적으로 낮은 계층의 직업으로 누구에게나 열려 있었다. 젊은 유대인 대본 작가들과 작화가들은 이

업계에서 그들의 독자적 이야기를 펼치고 이런저런 부속물들을 이 새로운 신화들에 덧입힐 수 있었다.

영웅들의 역사적 출현

역사적 출현이라는 관점에서 정신분석학은 구대륙 유럽의 불만과 혁명 이야기다. 슈퍼히어로는 신대륙 미국의 변신과 야망 이야기다. 프로이트는 대서양을 건너 미국을 방문한 1909년에 자신이 정신분석과 함께 '역병'을 미 대륙에 가져왔노라 말할 것이다. 정신분석학은 인류의 악을 훤히 드러내는 이론이기 때문이다. 프로이트는 1939년에 런던 자택에서 사망했다. 슈퍼맨은 1938년 《액션 코믹스》에 처음 등장했고 1939년에는 자기 이름을 건 코믹스에서 모험을 이어나갔다. '메이드 인 유럽' 정신분석학의 아버지와 '메이드 인 US' 현대 슈퍼히어로들의 아버지는 서로 엇갈려 지나간다. 정신분석이 프로이트가 고백한 대로 역병과도 같고 프로이트를 헐뜯던 자들의 주장대로 우려스럽고 위험하기까지 한 임상 기법이라면, 코믹스도 청소년 유해 매체 취급을 당하고 오랫동안 하위문화로 간주되는 수모와 치욕을 겪었다. 요컨대, 정신분석과 슈퍼히어로는 대중의 눈에 위험한 이미지로 비쳤다는 공통점도 있다. 적어도 슈퍼히어로들이 스크린으로 진출하기 전까지는 그랬다. 정신분석도 그 분야의 영웅들이 활약하는 시대가 오면 활짝 꽃을 피울 것이다.

슈퍼히어로들이 보여주는 바를 통해 정신분석의 개념들을 규명한다는 것은, 슈퍼히어로와 정신분석의 만남이 미리부터 그려 보이는 다시 읽기, 즉 이 개성 넘치는 인물들에 대한 재독을 뜻한다. 우리 한 사람 한 사람이 슈퍼히어로라면? 하이퍼모더니티, 현재에 맞춰 새로워진 신화들의 시대를 사는 우리 모두는 어쩌면 코스튬으로 신경증을 위장하고, 망토 아래 징후를 숨기며, 이상 idéa을 감추고 사는 슈퍼히어로들인지도 모른다.

모델과 만남

슈퍼히어로는 독자들에게 동일시 모델을 제공한다. 독자들은 그러한 모델들을 무한정 취하여 그들의 비밀스러운 서원의 일부를 재발견할 수 있고, 그로써 어느 정도는 그들 자신을 되찾을 수 있다. 정신분석 역시 동일시의 문제다. 이 동일시는 자신의 모델들에서 벗어나 자신의 숨겨진 욕망과 가면 너머의 자기를 찾는다는 점에서 진행 방향은 반대이지만 보완적이다. 하지만 가면을 벗기 전에 우리를—때로는 우리의 의지에 반하여—구성한 슈퍼히어로 캐릭터들을 제대로 알아보는 것이 중요하다. 그 캐릭터들은 지금의 우리를, 우리의 다양한 정체성들을 구성하는 데 이바지했다.

하지만 어느 특정 캐릭터와 자신을 동일시해야만 슈퍼히어로들을 좋아하게 되는 건 아니다. 정신분석학의 동일시 기제가 우리에게 가르쳐 주었듯이, 인물의 뚜렷한 특징 하나면 그 인물이 반향을 일으키기에는 충분하다. 자기 모습을 일부 알아보게 하는 동시에 스스로를 구별할 수 있게 하는 독특한 특징, 그것 하나만 있으면 된다.

그러면 서두의 질문으로 돌아가자. 프로이트와 슈퍼히어로,

이건 불가능한 만남일까? 우리가 이 있을 법하지 않은 만남의 이야기를 써보면 어떨까? 슈퍼맨이 탄생하고 1년 후인 1939년에 사망한 정신분석학의 창시자 프로이트, 그리고 정신분석학이 독자적 사유를 설명하면서 으레 끌어다 썼던 신화 속 인물들처럼 출현한 슈퍼히어로들의 만남 말이다. 슈퍼히어로 신화들은 인간의 비전을, 최초의 발생에서부터 지금 시대에 이르기까지 구현한다. 오이디푸스 신화나 나르키소스 신화를 비롯한 여러 신화를 통해 정신분석학의 개념들을 설명할 수 있었다면, 슈퍼히어로 캐릭터들을 단초 삼아 우리의 정신에서 일어나는 일을 설명할 수도 있다.

슈퍼히어로들은 새로운 신화를 불러왔다. 이 신화는 다음과 같이 이해될 수 있다. 글로 쓰인 허구 속에 새겨진 이야기는 부지불식간에 무의식과 실재에 대한 앎을 전달한다. 여기서 말하는 '실재réel'란 말할 수 없는 채 남는 것, 상징화될 수 없는 것이다. 우리는 변죽을 울릴 뿐 결코 그것의 명확한 경계를 알 수 없다. 이 불가능성이 실재를 이상적 원동력으로 삼아 끝없는 이야기들을 만든다. 이야기들은 허구를 통해 진실의 일부를 말하지만 우리는 그것을 단박에 알아차리지 못한다. 진실은 독해에서 빠져나가고, 서사 구조를 통해서, 가면을 쓴 인물들을 통해서 암묵적으로 이야기된다.

슈퍼히어로들의 으뜸가는 가면은 바로 이것, 글쓰기에 매달리는 인간과 세상에 대한 진실의 가면이 아닐까? 달리 말해보자면, 슈퍼히어로들은 여전히 해독해야 하는 진실의 챔피언일 수 있다. 그래서 슈퍼히어로들의 유니버스는 정신분석으로써 다시 읽히기를 기다리고, 정신분석은 슈퍼히어로들로써 새롭게 만들어지기를 기다린다. 자, 그래도 이 만남이 불가능한가? 잊지 말기를, 불가능성이야말로 활기를 띠게 하는 바로 그것이다. 그러한 생각은 정신분석학에 대해서나 슈퍼히어로들에 대해서나 다 같이 유효하다!

서론

슈퍼히어로들의 정신분석이란, 특정한 정신적 영향, 아무것도 아니라고는 할 수 없는 어떤 가치, 다시 말해 어떤 무의식을 이 인물들에게 돌리는 것이다. 대부분의 경우, 그 무의식은 인물을 만든 사람조차 모른다. 우리의 자그마한 주관적 판테온에 슈퍼히어로들을 모시는 이유는, 그들이 만화책에서 벗어나고 스크린에서 튀어나와 독자들에게 연령대에 상관없이 특별한 방식으로 다가오기 때문이다. 스파이더맨 놀이를 하는 어린아이에서부터 코스믹 슈퍼히어로 이야기 속을 여행하는 성인 독자들에게까지, 이 인물들은 우리의 일부를 그들의 이야기에 붙잡아 놓는 것에 대해 말한다.

슈퍼히어로들은 우리에게 영향을 미치고, 우리에게 질문하며, 우리를 다른 곳으로 이동시키고, 우리의 마음을 움직인다. 그들은 산을 들어 올리고 산더미 같은 의문도 불러일으킨다. 부모 없는 슈퍼히어로가 왜 이리 많은가? 슈퍼히어로의 '기원 이야기origin story'와 우리 자신의 이야기는 어떻게 공명하는가? 슈퍼히어로들의 변신은 어떤 식으로 우리 시대의 환상fantasme을 말하는가? 우리가 슈퍼히어로들을 주의 깊게 읽어낸다면, 우리가 카우치에 드러누운 내담자를 대하듯 그들에게 귀를 기울인다면, 그들은 이렇게나 허다한 물음들을 끌고 들어온다.

슈퍼히어로들은 전부 신경증 환자라든가 헐크, 배트맨, 데어데블 같은 인물들이 어린 시절의 두려움과 우리의 불안을 말한다는 얘기는 종종 들어보았을 것이다. 하지만 그게 어떤 신경증이고 어떤 심원한 불안일까? 정신분석학은 어떻게 그 인물들을 설명하고 그들이 우리 자신의 불안에 일으키는 반향을 이해시키는가? 슈퍼히어로들은 세상에 대한 우리의 관계에 대해서 뭐라고 할까? 언제나 두려움에 시달리지 않고 영웅적으로 세상을 사는 법은 무엇이라고 말해줄까?

원더우먼, 스칼렛 위치, 인비저블 우먼, 진 그레이, 피닉스 같은 슈퍼히로인들도 여성성의 독자적 버전들을 우리에게 이야기한다. 우리는 이 인물들이 이야기하는 여성성이라는 부분이 정체성 문제를 넘어 실제로 각 사람과 무관하지 않음을 보게 될 것이다.

앞으로 보게 되겠지만 슈퍼맨, 원더우먼, 배트맨 같은 DC 코믹스의 아이콘 캐릭터들은 우리의 심리적 장을 반영하는 평행적 삼위일체를 이루고 무의식의 세 폭짜리 그림을 그려 보인다. 그로써 이 슈퍼히어로들의 정체성 위기에 대해 심문할 기회가 올 것이다. 이를 계기로 그들의 인물 설정 혹은 코스튬에 밀착해 있는 조현병의 문제도 살펴볼 수 있겠다.

슈퍼히어로들은 우리의 기대 너머로 데려가기도 하지만, 프로이트의 표현을 빌리자면 '쾌락 원칙 너머로' 이동시키기도 한다. 다시 말해, 우리를 삶과 행복으로 떠미는 것을 넘어 인간적 고통과 우리 문명의 고통도 보게 한다는 얘기다. 슈퍼히어로들은 그러한 고통의 반영이다. 우리는 실버 서퍼나 토르가 멜랑콜리와 환멸의 고장으로 떠나는 여행을 어떻게 밝혀주는지 볼 것이다. 멜랑콜리와 환멸은 모든 인간 혹은 모든 문명이 피할 수 없는 숙명이다. 이 슈퍼히어로 캐릭터들의 심리 오디세이는 그것을 우리에게 가르쳐준다.

슈퍼히어로들이 이상과 그에 결부된 긍정적 가치를 뛰어넘어 다가갔던 문제는 증오와 변화의 문제이기도 하다. 슈퍼히어로 캐릭터들은 타자의 거부와 증오하는 인물들에 대해서도 말한다. 변화의 캐릭터, '언캐니' 엑스맨은 프로이트적 의미에서 문명 속의 불만에 해당하는 것을 이해하게 해준다.

슈퍼히어로 정신분석의 기본 용어

우리가 좋아하는 만화에 자꾸 등장하는 캐릭터들처럼 정신분석학에도 자주 등장하는 특징적 용어들이 있다. 여러분은 이 책을 읽으면서 그들의 이야기와 신화를 관통하는 개념들과 마주칠 것이다. 여러분이 찾아볼 수 있는 간략한 용어집을 나의 주관대로 마련해 보았다. 필요할 때마다 참조하면 될 것이다.

무의식

베놈을 아는가? 베놈은 스파이더맨에게 기능이 향상된 슈트를 제공하는 심비오트다. 그가 제공하는 슈트는 스파이더맨 코스튬과 똑같은 모양이지만 검은색이다. 베놈은 요사스럽게 스파이더맨을 대신해서 생각하고 스파이더맨답지 않은 짓을 저지르게 한다. 그러다 심비오트를 숙주에서 떨어져 나가게 하는 종소리 덕분에 스파이더맨은 베놈과 분리될 수 있었다. 베놈은 우리에게 배어 있는 무의식이다. 베놈은 정신분석학에서 말하는 무의식, 다시 말해 잠들어 있으면서도 우리의 발걸음을 우리 모르게 이끄는 것이다. 그것은 눈에 보일 수도 있고 보이지 않을 수도 있고, 감춰져 있거나 피부에 닿거나 하고, 질식시키거나 거미줄을 던지고, 적이 되거나 여러분 편에서 함께 싸우는 요원이 되거나 한다. 그것은 상황에 따라 안에 있을 수도 있고 밖에 있을 수도 있다. 꿈을 만들었던 무의식은 종소리, 자명종 소리에 자취를 감추지만 언제라도 다시 나타날 태세로 우리 안에 잠들어 있다. 위협, 실패, 비틀거림, 거울은 이빨을 드러내고 나타나는 무의식을 보기에 충분한 기회다.

타자

마블 유니버스에는 이니그마 포스라고 하는 힘이 존재한다. 이니그마 포스는 숙주를 선택해서 한동안 그에게 태고의 우주에서 오는 힘을 몰아주는데, 이 시원적 힘은 숙주가 지닌 능력을 몇 곱절로 증폭시킨다. 정신분석학에도 마찬가지의 것, 즉 대타자大他者, Autre가 있다. 주체는 자기가 마주쳤던 최초의 전능한 이들에 대한 기억으로 타자에게 권력, 지식, 후광을 돌린다. 그 전능한 이들이란 천상의 신들이 아니라 자신의 부모일 뿐이지만 말이다. 여러분이 누군가와 대결하려고 하는데 그 사람이 굉장히 위압적이라고 치자. 위협이 상상적인 것에 불과하여 아무런 위험이 없는데도 여러분이 기를 못 펴고 쩔쩔맨다면, 여러분은 대타자를 상대하는 셈이다. 다시 말해, 정신분석학에서 말하는 소타자petit autre에게 우리의 내밀한 우주에서 유래하는 시원적 힘을 우리가 몰아줘서 그렇게 된 것이다. 그 최초의 타자들은 우리가 아무것도 못하는 벌거벗은 갓난아기였을 때 우리의 전부였으니까. 우리는 그에게 이 힘을 투자하지만 그건 우리의 의지나 그의 의지와 상관없다. 이 대타자가 그 힘을 써서 우리를 난관에 빠뜨릴 수도 있다. 그렇다,

대타자는 이니그마 포스, 다시 말해 의지와 무관하게 주어진 수수께끼의 힘으로, 그 힘을 아껴서 쓰지 않으면 화가 미친다.

실재

실재는 표상과 상징에서 빠져나가는 것, 표상될 수 없기에 늘 제자리로 돌아오는 것이라고들 한다. 실재는 자리를 내놓지 않는다. 실재는 벽이다. 코믹스에서는 두 개의 벽, 즉 제4의 벽 및 소스 월Source Wall과 비슷하다. 데드풀이 제4의 벽을 넘어와 독자에게 말을 걸 때, 요컨대 만화 속에 그려진 것 너머에 말을 걸 때, 우리는 데드풀이 실재에 말을 건다고 할 수 있겠다. 그는 실재를 자기 우주의 구멍을 통해서만 감지할 수 있는데 그 구멍은 만화의 칸 속에 나타나 있지 않다. 정신분석학에서는 상징계에서 배제된 것, 표상되지 않는 것이, 응시나 목소리 혹은 그 밖의 현시를 통해 실재로서 돌아온다고 한다. 이때 실재는 우리에게 말하고, 우리를 응시하고, 우리를 위협하기 시작하지만, 우리는 그것을 바로 명명할 수 없다. 데드풀이 우리에게 보여주는 실재란 이것이다. 환각에 사로잡힌 듯 나타나고 응시하는, 그러나 다다를 수 없는 독자.

또 다른 벽은 슈퍼맨, 플래시, 혹은 그 벽과 수시로 접촉하는 뉴 가즈의 DC 유니버스에서 찾을 수 있다. 여기서 실재는 소스Source에 해당한다. 존재하는 만물의 기원에 있는 이 본질을 보호하는 벽이 소스 월이다. 소스 월을 넘어 진리를 발견한 이들은 필연적으로 그 벽 안에 갇히고 그들의 초상은 벽면에 새겨진다. 라캉의 말대로 실재와 부딪힌다는 것이 DC 슈퍼히어로들에게서는 매우 구체적 양상을 띤다. 그 벽은 궁극의 진리를 보호하지만 거기에 닿으면 돌처럼 굳어질 위험이 있기 때문에 여전히 다다를 수 없다. 평범한 인간은—슈퍼히어로와 뉴 가즈도 그렇긴 하지만—표상 작용을 통해서만 그 벽을 이해할 수 있다. 다시 말해, 우리는 언제나 주관적 현실과 부분적 진리만 인식할 수 있다.

거세

거세는 슈퍼히어로가 자기보다 교활한 수단을 지녔거나 거의 신에 가까운 힘을 지닌 적에게 처절하게 패할 때마다 일어난다. 당시에 아프고 힘든 것도 모자라 때로는 흉터까지 남는다. 슈퍼히어로는 경우에 따라 그 흉터를 공공연히 드러낼 것이다. 어쨌든 거세는 극복할 수 있는 것이다. 거세는 슈퍼히어로가 지붕에서 몸을 던질 때마다 떨쳐버리고 싶은 콤플렉스다. 그 콤플렉스를 떨치지 못한다면 그냥 추락해 버릴 공산이 크다.

거세는 전능하지 못함, 한계 속에 머물러 있음을 뜻한다. 슈퍼히어로뿐만 아니라 평범한 개인에 대해서도 거세 콤플렉스를 논할 수 있다. 슈퍼히어로는 자기가 전능자가 아님을 알고 원칙적으로 거세를 인정하지만 그러면서도 거세 따위는 자기와 상관없는 척 온갖 살벌한 모험 속으로 뛰어든다. 그러한 모험은 슈퍼히어로에게 '아니, 너는 전능하지 않아, 그냥 한계에 굴복하는 존재일 뿐이지'라고 상기시킨다. 이때 슈퍼히어로는 뭔가 술책을 찾아내어 한계를 뛰어넘고 다시 아무 일 없었다는 듯이 새로운 모험에 나서기 바쁘다. 슈퍼히어로도 살아남아야 하므로 그는 거세를 간헐적으로 경험한다. 단, 몇몇 비극적 에피소드에서는 거세가 매우 가혹한 방식으로 상기되기도 한다.

신경증

박쥐나 거미 코스튬을 착용하지만 자기가 박쥐나 거미가 아니라는 사실을 안다. 자, 이 사람은 신경증이다. 거세(위 항목을 참조하라)에 굴복해 있기에 언제나 자신의 욕망을 현실에서 취하지 못하는 사람 말이다. 하지만 그에게도 타자가 하지 말라는 일을 하면서 즐거워하는 부분이 있다. 게다가 가끔은 그렇게 함으로써 자신의 욕망을 부양하고 불안을 내려놓기도 한다. 신경증은 불안과 욕망을 처리하는 위장된 타협이다.

정신병

박쥐나 거미 코스튬을 착용하면서 자기가 박쥐나 거미가 된다고 생각한다. 이때 신체와 감각은 낯선 느낌을 만들어낸다. 배트맨에 상응하는 정신병적 캐릭터는 맨-배트라고 할 수 있겠다. 맨-배트는 배트맨의 적으로, 배트맨보다 더 박쥐에 가까워진 존재다. 스파이더맨에 상응하는 정신병적 캐릭터는 맨-스파이더다. 맨-스파이더는 다른 평행우주의 캐릭터로, 피터 파커는 그 평행우주에서 돌연변이를 일으켜 한층 더 거미와 흡사해진다. 정신병 환자에게 현실은 더욱더 참을 수 없이 껄끄러워지고 가면은 벗겨진다. 삶의 의미는 너무 소란스럽든가 너무 말이 없고, 환각을 일으키고, 텅 비어 있거나 지나치게 요란하다.

주이상스

주이상스는 좋다 못해 아프기까지 한 것이다. 욕망이 너무 절대적이어서 쾌락이 고통을 동반한다고 할까. 아플 걸 알면서도 하지 않고는 못 배기는 것, 아프고 쓰라린데도 어떤 작은 목소리가 "한 번 더!"라고 속삭이는 것이다. 우리는 슈퍼히어로가 자기 한계를 넘어서는 싸움에 뛰어들 때 그를 이끄는 것이 주이상스라고 말할 수 있겠다. 슈퍼히어로는 두들겨 맞고 만신창이가 될 걸 알면서도 자기도 모르게 이끌린다. 설령 그로써 처하게 되는 상황이 항상 비극으로 변하고 말지라도. 가령 스파이더맨은 자신의 코스튬이 피터 파커로서 살아가는 데 걸림돌이 된다는 것을 안다. 그는 스파이더맨으로 사느라 소중한 사람들을 잃기도 했다. 그래도 그는 또다시 스파이더맨 코스튬으로 돌아가지 않을 수 없다. 주이상스는 쾌락이나 고통을 초월한다. 그것은 "큰 힘에는 큰 책임이 따른다" 같은 일종의 도덕적 명령이다. 정신분석학에서 "쾌락 원칙을 넘어서"라고 부르는 경지에 도달하려면 삶이 녹록지 않을 거라 예고하지만 슈퍼히어로는 세부조항은 잘 읽어보지 않고 계약서에 서명한다. 그 이름은 갑자기 희생적이고 슈퍼히어로적인 면모들을 모조리 띠게 된다.

충동

충동은 힘이다. 코믹스에는 온갖 힘이 넘쳐난다. 피닉스 포스, 다크사이드의 반생명 방정식, 갤럭투스의 에너지를 잡아먹어야만 하는 욕구, 이 모든 것이 그 안에서 작용하고 존재들을 관통하는 힘이다. 거대한 불새가 여러분에게 빙의해, 상상도 할 수 없는 엄청난 생명력, 혹은 우주를 냉장고 삼아 행성들을 통째로 먹어 치워야 하는 굶주림, 혹은 자기를 건드리는 모든 것을 없애버리는 광선 따위를 여러분에게 준다고 치자. 여러분은 충동을 그런 것으로, 말하자면 변화를 몰고 올 수 있는 힘으로 이해할 수 있다. 그 변화가 불을 지르고 모든 것을 삼켜버릴 수 있다. 모든 움직임을 소멸시킬 수도 있다. 변화를 겪어온 사람이 어찌할 수 없는, 그를 뛰어넘는 변화. 좋은 쪽으로든 나쁜 쪽으로든. 충동은 제국을 정복하거나 파괴하거나 집어삼킬 때까지 등을 떠미는 바로 그 힘이다.

대상

정신분석학에서 대상은 주체가 겨누는 모든 것이다. 그것은 사물일 수도 있고 사람일 수도 있다. 한 사람 안의 어떤 요소일 수도 있고 마법의 인공물일 수도 있다. 대상은 전체일 수도 있고 부분일 수도 있다. 마블 유니버스에서 인피니티 스톤에서 힘을 끌어오는 인피니티 건틀렛을 생각해보라. 충동은 그것을 향하게끔 이끈다. 그러므로 갤럭투스에게 대상은 중독적 요소를 띠는 그 행성들 하나하나라고 할 수 있다. 갤럭투스의 굶주림은 결코 해소될 수 없기 때문이다. 그것들은 구체적 대상이다. 타노스에게 인피니티 건틀렛은 그가 죽음 그 자체에 영합하려는 목적에서 탐내는 모호한 대상이다. 여기서 이 대상으로 이끄는 충동은 명백하다. 그것은 죽음 충동, 다시 말해 소멸을 통하여 생을 용인할 만한 비율로 떨어뜨림으로써 충동적 힘들의 균형을 조정하고자 하는 충동이다. 타노스는 우주의 관리자다. 결핍을 채우려는 대상의 고유한 속성은 끊임없는 추구, 발견, 상실이다. 타노스와 인피니티 건틀렛의 관계처럼 말이다. 인피니티 건틀렛, 다시 말해 전능 대상은 욕망을 끝없이 부양하는 잃어버린 대상이다. 어머니에게서 죽음으로 전위된 것은 타노스의 애정 상실이다. 주체가 겨누는 대상은 주체가 그것을 충족하기 위해, 혹은 포기하기 위해 끊임없이 움직이게 한다.

우리는 물신적 대상이나 공포증의 대상도 차차 살펴볼 것이다. 엘더스 오브 더 유니버스의 콜렉터가 별의별 사물과 인공물을 모아놓은 갤러리에서처럼, 온갖 유형의 대상들에서 어떤 굴절을 보게 될 것이다. 대상에는 여러 가지 아바타가 있고 그것을 어떻게 사용하느냐에 따라 의미가 자못 달라질 수 있다. 대상은 우리가 그것을 어떻게 붙잡느냐에 따라 각기 다른 어느 한 부분을 이야기해 준다.

주체

주체는 개인과 같은 것이다. 단, 문나이트나 리전이 그렇듯 여러 개의 인격이 있다. 사람은 아침 다르고 저녁 다를 수 있기 때문에 주체는 각 사람의 유동적 버전이라고 할 수 있다. 특히 슈퍼히어로는 정체성을 갈아 끼우고, 이 모험에서 저 모험으로 넘어가고, 더러는 작가마저 바뀌곤 한다. 우리 자신도 작가가 여럿인 주체들이다. 우리도 코믹스의 슈퍼히어로처럼 아침에는 스탠 리가 쓴 시나리오의 인물이었다가 오후에는 크리스 클레어몬트가 우리의 작가가 되고, 저녁에는 앨런 무어가 배턴을 이어받는 건 아닐까. 명랑하고, 모험심이 넘치고, 쇠락하고, 혹은 더 다양하게 기타 등등. 주체는 어느 자리에서 말하느냐에 따라서 달라진다. '개인individu'이라는 단어는 단일성, 분리 불가능성을 뜻한다. 반면, '주체'는 그 모든 면모로 나뉘어 있고 언제나 불완전한 상태에서 대상을 찾고 있다. 주체가 어떤 이상을 추구한다면 그 이상을 닮기 위해서, 지나치지 않은 선에서—그러지 않으면 굳어지고 경직되기 때문에—그 이상과 합쳐지기 위해서다. 그렇지만 주체는 어떤 자기 이미지를 가지려 노력한다. 늘 들고 다닐 수 있는 일종의 셀프카메라 사진, 굳건한 자아, 거울에 비친 자기 자신을. 하지만 주체는 소위 리전légion[1]이다. 주체는 언제나 의심하고, 자기를 내던지고, 사유하거나 사유의 대상이 되기도 하는 슈퍼히어로다. 주체는 엑스팩터의 멀티플맨처럼 다수성을 띠고 타격을 입을 때마다 자기복제를 한다.

초자아

"큰 힘에는 큰 책임이 따른다." 스파이더맨이 끊임없이 다짐하는

---

1 [옮긴이 주] '다수', '무리' '군단'을 뜻하는 프랑스어 légion(영어로는 legion)은 고대 로마에서 군단을 지칭하는 말인 '레기온'에서 왔다. 참고로, 신약성경에서 예수가 귀신 들린 사람을 치유하는 일화들 가운데 "많은 귀신이 들린"(《누가복음》 8:30) 사람이 자신의 이름을 "군대"라고 칭하는 대목이 있는데, 이때 '군대'가 '레기온'이다. 마블 코믹스에 등장하는 다중인격자 히어로의 이름 '리전Legion'은 이 일화에서 차용한 것이다.

이 격언은 초자아의 따분하고 반복적인 목소리다. 스파이더맨은 벤 삼촌의 운명에 대한 책임을 살인자에게 지울 수도 있었지만 어떤 목소리가 그로 하여금 죄책감을 벗어던지지 못하게 했다. 초자아는 쾌락 원칙을 옭아매고 의무를 일깨우며 주이상스를 강제한다. 다시 말해, 초자아는 우리를 아프게 한다. 초자아로 인하여 데어데블은 끝없이 참회하고—시계추가 돌아오듯 주변 세상이 무너져 내릴 위험이 있을지라도—만족에 지나치게 가까이 다가가지 않는다. 초자아는 행동의 잘못을 들추어내고 주인공들이 만회하게 하는 휴대용 종교 같은 것이다. 그러므로 초자아는 '죄책감양'을 일종의 조수로, 특별히 선호하는 파트너로 동원한다. 한쪽에서는 발길질을 해대고 다른 쪽에서는 명령을 퍼부으니 평온하게 살 수가 없다. 하지만 초자아는 그렇게 늘 괴로움을 가함으로써 삶을 도덕 원칙 안에 머물게 해주고 그로써 문명을 위해 일한다. 초자아는 적당히 실현되어야 하지만 어떤 주인공들은 초자아에 중독된 듯한 양상을 보이기도 한다.

자아이상

슈퍼맨은 S를 자기 가문, 나아가 자기 이상의 상징으로 삼으면서 자아이상의 아바타가 되었다. 자아이상은 어떤 모델을 만들기 위해서 부모와의 동일시와 나르시시즘을 합치는 정신적 심급에 해당하기 때문이다. 여기서 나르시시즘은 이상화된 어린 시절의 이미지다. 크립톤 출신 고아인 슈퍼맨은 그 시절을 영원히 잃어버렸다. 그는 나중에 아버지의 뜻을 받들게 되는데 아버지는 그에게 스스로 모범이 됨으로써 사람들에게 영감을 불러일으키라는 사명을 내린다. 이 아버지 조-엘은 크립톤 크리스털을 통하여 재구성되는 버전으로만 남아 있기 때문에 이상화되었다. 마치 아이가 실제 부모의 불완전성은 제쳐놓고 상상적 부모의 파편으로 자신의 자아이상을 구성하는 것처럼 말이다. 슈퍼히어로들은 자신의 자아이상을 구성하고 스스로 그 이상을 구현한다. 자아이상은 특히 초자아와 잘 통한다. 하지만 자아가 초자아를 따르는 이유는 대체로 처벌에 대한 두려움 때문인 반면, 자아이상을 따르는 이유는 사랑이다. 폭군과 영감을 주는 존재는 다르다. 아래로 짓누르는 것과, 비행기나 로켓처럼 솟아오르고 날아가는 것이 엄연히 다른 것처럼.

이드

억누를 수 없는 욕망으로 끌고 가는 충동의 용광로, 우주의 가마솥, 감마선의 폭격과 그 파괴적 결과, 그게 바로 이드다. "원래는 모든 것이 이드였다"라고 프로이트는 《정신분석학 개요》에 썼다. 자아가 사용할 수 있도록 초자아가 한 방향으로 모으는 에너지의 저장고, 그것이 이드다. 이드는 무한한 힘, 슈퍼맨이 지니고 있지만 초자아의 구속 때문에 결코 완전히 써보지는 못하는 힘이다. 이드는 다크나이트 배트맨의 '어두운' 부분, 아캄 정신병원에 수용된 자들과 흡사해질까 봐 억누르고 있는 충동이다. 그 정신병자들은 내면의 혼돈을 억압하지 못했다. 이드는 그래서 주체가 맞서 싸우는 천형이기도 하다. 하지만 이드는 우리의 꿈을 지휘하고 자기 욕망을 따라가기 위한 여정이나 장면을 보여주기 때문에 나침반이 될 수도 있다. 스파이더맨이나 배트맨처럼 저마다 자기가 붙잡고 있는 욕망의 가닥이 있다.

자아와 나

'자아'와 '나'는 주체의 의식을 나타내는 두 개념이다. 이 두 개념은 빙하에서 수면 위로 드러나 있는 부분이다. 그리고 이 두 개념은 슈퍼히어로뿐만 아니라 각 사람 안에 잠들어 있는 이원성을 기막히게 잘 보여준다. 이 이원성의 근간에는 하나의 원칙이 있다. '자아'는 개인을 요약하는 개념이 아니요, '나'는 개인이 말하는 바를 축소하지 않는다. 이것들은 툭 튀어나온 부속물, 돌출물excroissance이다. 슈퍼히어로 두 명을 예로 들어본다면 더 명쾌하게 설명이 될 것이다. 요컨대, 클라크 켄트는 슈퍼맨의 '자아'이지만 배트맨은 브루스 웨인의 '나'다. 클라크 켄트는 현실에 적응한 슈퍼맨의 부속물이다. 이 부속물은 외부에 드러낼 수 있고, 직업이나 사회적 활동에 몰두할 수 있다. 상황이 격해지면 자아는 사라지고, 남들에게 낯선 또 다른 면모인 슈퍼맨이 위기를 모면하기 위해 나타날 것이다. 반면, 브루스 웨인이라는 백만장자는 그 자체가 사회적 모습이다. 고아가 되어 웨인가의 막대한 재산을 물려받은 브루스 웨인은 직접적으로 아무것도 말하지 않는 피상적 이미지에 불과하다. 세상에 말하는 이, 자기 이름을 걸고 진실을 말하는 이는 배트맨이다. 그래서 그가 물신처럼 매달리는 말이 "나는 배트맨이다"인 것이다. 여러분이 '나'라고 할 때는 여러분의 일부만 말하는 것이다. 여러분 자신도 온전히 알지 못하는 다른 은밀한 일부는 배트케이브의 가장 깊은 곳에 감춰져 있다. 프로이트는 '자아'와 '나'를 구분하지 않았지만, 라캉은 프로이트의 텍스트를 분석하면서 이 구분을 명시하고 의식의 두 측면이 띠는 미묘한 뉘앙스를 이해하게 해주었다. 결국은 그러한 뉘앙스의 차이가 슈퍼맨과 배트맨 사이에도 존재한다.

신경증 환자의
슈퍼히어로 신화

고아 출신 슈퍼히어로는 잊을 만하면 나타난다. 슈퍼맨, 배트맨, 스파이더맨은 모두 근원적인 부모의 상실을 겪었다. 원더우먼은 아버지를 여의었고 아이언맨은 부모를 잃고 자기생성으로 나아갔다. 슈퍼히어로가 된 고아 이야기, 인물을 다른 위상으로 나아가게 한 이 상실의 드라마가 우리의 무의식에 대해서 말해주는 바는 무엇인가? 어떻게 고아라는 위상이 프로이트의 부친살해와 맞닿아 근원적 죄의식을 슈퍼히어로의 근본적 원동력으로 키워내는가? 프로이트는 이 주제를 《신경증 환자의 가족 로맨스》(1909)에서 다루었다. 누구나 몽상과 억압된 욕망 사이에서 자신의 무의식적 소설을 만들어낸다. 우리의 시원적 장면에 대한 레트콘 retcon[2]이라고나 할까. 각자는 자기 기원 이야기의 저자가 됨으로

---

2 레트콘(소급적 속편 retroactive continuity의 줄임말)은 코믹스에서 흔히 쓰이는, 인물의 이전 서사다. 인물의 이야기에 보완적 요소들을 더하여 특정한 면모를 더욱 풍부하게 하고 부가적 설명을 제공하거나, 거기서 더 나아가 줄거리에 수정을 가하여 변형된 이야기를 제공하기도 한다. 레트콘은 표면으로 부상하는 무의식적 기억의 등가물을 형성하고 자신의 고유한 환상적 로맨스와는 자못 다른 표상을 낳는다.

써 실제 부모를 지우고 환상화된 부모를 등장시킨다. 프로이트에 따르면 우리는 모두 우리의 기원에 대한 개인적 코믹스를 만든다.

신경증 환자의 개인적 코믹스

슈퍼히어로라면 누구나 나름의 신화가 있다. 그 신화 속에서 그들은 가공할 힘을 얻기 전에, 혹은 그 힘을 얻음과 동시에, 고아가 되었다. 슈퍼맨, 배트맨, 스파이더맨, 데어데블은—일부만 꼽아보더라도—슈퍼히어로가 우뚝 서기 위해서는 피해갈 수 없는 이 과정을 잘 보여준다. 어째서 이 슈퍼히어로들은 부모의 상실이라는 근본적 상실을 시작의 순간으로 경험하는가? 슈퍼맨은 크립톤 행성이 폭발하기 전에 지구로 보내졌기 때문에 고아가 되었다. 배트맨은 부모님이 살해당하는 현장을 자기 눈으로 보았다. 스파이더맨은 원래 고아였는데 삼촌이자 양아버지인 벤이 살해당한 일이 그가 슈퍼히어로로서 살게 된 데 결정적 역할을 했다. 눈먼 심판자 데어데블은 어머니가 없었는데 초능력을 얻게 된 지 얼마 안 되어 아버지까지 잃는다.

프로이트는 《신경증 환자의 가족 로맨스》에서 개인이 자신의 기원에 관한 몽상을 구성하는 방식을 기술한다. 개인은 자신이 누구의 자식인지 잘 알면서도, 성장하면서 부모의 권위에서 떨어져 나온다. 부모가 모든 신념의 출처이자 유일한 참조기준이더라도 그는 다른 자격을 모색하게 된다. 그는 자신의 기원을 더 우수하고 고귀한 것으로, 요컨대 더 영웅적으로 만들어낸다. 아이는 자기가 처한 상황을 관찰하면서, 자기가 필요로 하고 기대하는 관심이나 감정 표현이 주어지지 않음을 확인하고 엄청난 사실을 깨닫는다. 아이는 자기 부모가 친부모가 아니라는 출생의 비밀이 명백히 드러났다고 생각한다. 이것이 아이의 좌절, 박탈, 불만족이 찾은 답이다. 아이는 부모가 왜 자기가 필요로 하는 모든 것을 주지 않는지, 나아가 부모의 관심이 왜 자기 아닌 다른 것으로 향하곤 하는지 이제 이해할 수 있다. 자기가 친자식이 아니니까. 이제 아이는 자신의 진짜 이야기를 쓰기만 하면 된다. 그리고 그 출발점은 그가 헤어져야만 했던 진짜 부모를 만들어내는 것부터다.

이리하여 아이는 슈퍼히어로와 동일한 여정을 밟는다. 슈퍼맨이나 스파이더맨처럼 양부모 밑에서 자랐다면, 배트맨이나 데어데블처럼 자주 외로움을 느낀다면 그 이유는 단순하다. 그에겐 다른 이야기, 다른 곳, 자기도 모르는 기막힌 출생의 비밀이 있다. 그는 그 은밀한 단서들을 추적하기 위해 전력을 다할 것이다. 프로이트는 이렇게 썼다. "신경증까지 가지는 않은 사람들이라고 해도 부모의 적대적 행동을 이렇게 이해하고 이런 식으로 반응하는 상황을 자주 떠올리는 경우가—흔히는 독서의 영향으로—많다. […] 주체가 부모와 이질적인 성격을 띠기 시작하는 이 변화에서 다음 단계는 신경증 환자의 가족 로맨스라는 용어로 지칭될 수 있다."

이 비범한 기원은 세상의 무의식적 설명을 구성하고 개인을 그가 이제 막 발견한 비밀 속에 위치시킨다. 개인은 이 비밀을 대개 부분적으로만 인정하고 이 환상화된 기원을 몽상의 한 구석에 간직한다. 프로이트는 이렇게 덧붙인다. "특별히 중요한 활동은 사실 신경증의 본성에, 그리고 재능이 뛰어난 인간의 본성에 내재한다." 여기서 신경증은 오이디푸스 콤플렉스와 대타자를 거친 정신의 일반 구조, 다시 말해 가족의 근본적 금기를 받아들인 정신을 의미한다. 프로이트는 재능이 뛰어난 인물을 논하면서 1909년 논문에 우수성이라는 개념을 끌어들이는데, 이 우수성은 무의식의 지적 형성물을 뜻한다. '우수super'에 도달하기 위해서는 고도의 승화 방식을 거친다. 그래서 히어로가 된다는 것은 하나의 가능성이자 자기애적 측면에서는 완전히 적법한 시나리오다. 아이는 자신이 더 나은 운명에 부합하는 존재라고 상상하고 그 상상은 긍정적 나르시시즘에 도움이 된다. 이때 그는 자기에게 무엇이 부족했는지 목록을 작성해 본다. 이 자체가 이미 훌륭한 변화, 아름다운 변이, 슈퍼히어로적 변신 아닌가?

우리는 슈퍼맨, 배트맨, 스파이더맨, 데어데블이라는 네 가지 예를 통해 네 명의 고아 슈퍼히어로를 본다. 이들의 슈퍼히어로적 운명의 기원에는 상실이 있다. 이 시원적 이야기는 코믹스와 영화를 막론하고 반복되는데, 그 이유는 이 요소가 슈퍼히어로의 구성에 그만큼 중요하기 때문이다. 시간이 흘러도 이 요소는 변하지 않고 남을 뿐 아니라 몇 번이고 재해석되면서 어떤 범접할 수 없는 골조를 형성한다. 이것은 이 요소가 우리의 무의식에서 슈퍼히어로에 대해 말하는 것의 본질적 면모를 드러낸다는 생각과도 부합한다.

슈퍼맨: 아버지 사라지다

슈퍼맨은 저 유명한 부모 조-엘과 라라 로르-반이 그들의 행성 크립톤이 폭발하려 할 때 구해낸 아들이다. 이 부모는 자기네들의 세상이 멸망해 가는 것을 보고 아기를 다른 행성으로 보낼 수 있는 우주선을 비밀리에 개발했다. 망명과 새로운 땅 개념은 두 작가의 개인사와도 맞닿아 있는 역사적 요소다. 시걸과 슈스터는 둘 다 유대인 이민자 가정의 아들이었다. 하지만 그 요소 하나만으로 고아가 왜 이렇게 반복적으로 등장하는지 설명할 수는 없다. 슈퍼맨은 혈혈단신으로 다른 땅에 도착한 아이의 이야기다. 부모는 출신 행성이 폭발할 때 죽었고, 슈퍼맨은 그 행성의 유일한 생존자다. 이 아이디어는 시나리오를 풍성하게 하기 위해 나중에 몇 가지 조정을 거쳤지만, 슈퍼맨이 출신지가 사라져 버린 고아이고 본인도 놀라운 능력이 발현될 때까지는 그 사실을 몰랐다는 설정은 변하지 않았다.

프로이트는 《신경증 환자의 가족 로맨스》에서 "환상 활동은 이제 경멸당하는 부모를 치워버리고 일반적으로 사회적 신분이 더 높은 다른 부모로 대체하는 일을 맡는다"고 말한다. 그런 점에서 슈퍼맨 이야기는 가장 만족스러운 시나리오 중 하나에 부합한다. 지구에서 키워준 부모 말고도 자기에게 더 높은 가치를 부여해 주는 출신이 있는 게 아닌가. 양부모는 불완전하지만, 자식을 위해 모든 것을 내주었던 친부모가 분명히 존재했다. 나르시시즘, 개인의 긍정적 자기이미지가, 아이가 받았던 양질의 관심으로 부양된다고 본다면 이건 슈퍼 나르시시즘도 부양할 만한 밑거름이다.

이 나르시시즘, 일종의 이차적인 심리적 형성물에서 자기 이미지는 부모에게 받은 사랑에서 출발해 부모의 특징을 부분적으로 자기에게 부여하면서 만들어진다. 주체가 그에게 관심을 보이는 사람들에게 충분히 사랑받는다고 느낀다면 그의 나르시시즘은 강화된다. 이 자기애의 기반은 최초의 관계들에서 경험한 사랑에서 온다. 자아이상도 이렇게 만들어진다. 자아이상이라는 정신적 심급은 부모의 이상, 문화의 이상과 자신을 동일시하면서 형성되기 때문이다. 균형 잡힌 나르시시즘은 자기 자신과 주위에 에너지를 건강하게 투입할 때 만들어진다. 프로이트는 《나르시시즘 서론》(1914)에서 우리가 사랑하는 것은 "a) 자기 자신인 것 b) 자기 자신이었던 것 c) 자기 자신이고 싶은 것"이라고 했다. 나르시시즘이 대상을, 특히 자기 아닌 다른 사람을 사랑할 수 없는 수준이면 병적이다. 하지만 자기를 충분히 사랑해야만 자기를 파괴하면서까지 외부 대상을 사랑하지 않을 수 있다. 크립톤 같은 행성이 폭발할 때—이상들이 무너질 때, 부모의 관심이 아이 아닌 다른 것으로 향할 때—아이는 나르시시즘을 회복하기 위해 비밀 이야기를 만드는 것이다.

그래서 슈퍼맨은 마지막 순간까지 자식에게 다 바친 부모의 사랑을 고스란히 안고 온 아이의 이야기다. 아버지가—이 아버지는 다른 부모의 품에서 떨어져 나올 것을 허락하고 권장하기까지 하는 부모다—만든 우주선에는 크립톤의 문화유산이 있었다. 소아과 의사이자 정신분석학자 도널드 위니컷이 말하는 "혼자일 수 있는 능력"을 아이가 훗날 기를 수 있게끔, 부모가 전해줄 수 있는 모든 것이 한데 모여 있었다. 자신의 가치에 대해서 걱정하지 않는 아이의, 고독을 감내하는 능력을 가장 잘 표현하는 설정은 크립톤 크리스털로 이루어진 고독의 요새 아닐까?

슈퍼맨의 기원 이야기에서 부모가 전하는 사랑, 아이에게 온전히 쏟는 관심은 (행성의 폭발에도 불구하고) 아이가 느끼는 안전감, 그리고 나중에 이 고독의 요새를 지을 수 있는 가능성과 직접적 연관이 있다. 크립톤의 폭발은 복된 시대가 끝났음을 의미한다. 고독의 요새는 우리가 저마다 더 훌륭한 사랑을 받을 수 있다는 환상을 토대 삼아 지어 올리는 것의 구체적 발현이다. 이러한 가능성, 이 피난처로서의 요새는 최초의 나르시시즘의 다른 이름이다. 자기를 충분히 사랑함으로써 장애물을 만날 때마다 무너지지 않고 세상과 맞서게 해주는 나르시시즘 말이다.

프로이트는 이렇게 썼다. "이 특수한 환상 활동의 특징적 예는 백일몽이라는 이름으로 알려져 있다. 사춘기가 지나고도 백일몽을 꾸는 사람들은 꽤 있다. 백일몽을 상세히 관찰해보면 그러한 꿈이 욕망을 충족시키고 현재의 삶을 교정하는 역할을 한다는 것을 알 수 있다." 고독의 요새 안에서 슈퍼맨은 몽상 속에서 아버지의 말을, 자기 기원의 내면화된 부분을 되새긴다. 세상을 계속 견뎌내고 상상적으로 바로잡기 위해서, 너무나 견디기 힘든 현실에 개입하기에 앞서 자기 자신과 다시금 연결되기 위해서 그래야만 한다. 고독의 요새는 자기애적 안식처이자 슈퍼맨이 자기 안에서 다시 찾은 이야기다. 심리적으로 버텨내기 위해 그러한 요새를 쌓아 올리는 사람들은 결코 적지 않다.

그런데 크립토나이트는 왜 등장할까? 크립토나이트가 우리에게 말해주는 것은 무엇일까? 게다가 슈퍼맨의 약점인 이 광물은 아무 원소로나 이루어진 게 아니라 부모의 행성, 고향의 흙 아닌가? 물론 영웅에게서 아킬레스건을 찾는 건 당연하다. 그러한 약점이 끌고 들어올 수 있는 비극적 면모를 봐도 그렇고, 극적 동기가 훨씬 더 많아진다는 점에서도 그렇다. 그렇더라도 이 약점이 아버지에게로 향해 있다는 점은 변하지 않는다. 아버지 조-엘은 크립톤인들에게 위험을 경고했지만 행성 크립톤은 결국 폭발하고 말았다. 그리고 방사선을 뿜게 된 크립톤의 파편들, 즉 폭발한 행성 조각들은 슈퍼맨의 약점이 되었다. 그렇다면 정신분석의 진행 방식대로 우리도 사태를 거슬러 올라가 우리를 심리적으로 구성하는 것을 통하여 우리에 대해서 무엇을 말할 수 있는지 이해해 보기로 하자. 시간과 전개를 거슬러 올라가 보면 슈퍼맨은 결국 아버지의 실패에서 탄생했다. 아버지의 실패가 없었더라면 고향 행성은 폭발하지 않았을 것이고 어린 아들이 지구로 망명해 슈퍼맨으로 다시 태어나지도 않았을 것이다. 이 점은 우리의 무의식적 소설에 대하여 무엇을 말해주는가?

프로이트의 동시대를 살았던 헝가리 출신의 정신분석가 오토 랑크는 《신경증 환자의 가족 로맨스》의 부록 〈병적 영웅들〉에서 이렇게 말한다.[3] "사실, 출산은 보통 사람이 해내는 특히 위대

3 [옮긴이 주] 본래 프로이트의 〈신경증 환자의 가족 로맨스〉와 저자가 언급하

하고도 훌륭한 업적이다. 이 위업은 아버지의 의지, 그리고 아버지의 가장 긴밀한 우군인 어머니의 협업으로 이루어진다." 그렇다면 상징적 출산, 즉 문화 속에 존재함이라는 원칙은 그 자체로 영웅적 업적이다. 그러한 업적이 새겨지는 것은 어머니에 의해서다. 어머니의 양육은 사랑, 정, 그리고 어머니의 단어와 억양과 운율로써 이루어진다. 아이는 어머니의 보호 아래 영웅으로 태어나, 환상화된 포악한 아버지—자식들을 잡아먹는 크로노스와도 같은—와 대결한다. 오토 랑크는 아이가 "아버지의 폭력성을 두려워할 필요가 없는 문명사회에서 태어났을지라도 마치 여전히 온몸이 그 시원적 불안에 시달리는 것처럼, 아버지에게 불만을 품을 만한 이유가 생기자마자 아버지의 면전에 근원적 비난을 던질 준비가 되어 있다"고 명시한다.

"여전히 온몸이 그 시원적 불안에 시달리는 것처럼"이라는 표현은 슈퍼맨이 그의 적이 크립토나이트를 휘두를 때마다 사지를 뒤틀며 괴로워하는 수많은 장면에 꼭 들어맞는다. 그러니까 슈퍼맨은 놀라운 능력을 지녔지만 약점도 물려받았다. 이 약점의 정확한 원인을 찾기 위해서는, 그리고 이 약점이 사람들 각자의 신

는 오토 랑크의 글은 별도의 저작이다. 저자가 참고한 문헌인 *Le roman familial des névrosés et autres textes* (2014)이 〈신경증 환자의 가족 로맨스〉라는 논문 외에도 프로이트의 다른 글과 다른 저자들의 글을 함께 프랑스어로 번역해 엮은 책인데, 그 다른 글들 가운데 오토 랑크의 저서 *Der Mythus von der Geburt des Helden* (1909)에서 발췌하여 엮은 글에 'héros pathologiques' (병적 영웅들)라는 제목이 붙어 있어서 이렇게 언급한 것으로 보인다.

화에서 의미하는 바가 무엇인가를 찾기 위해서는 거의 고고학적 인 조사를 해야 한다. 오토 랑크는 〈병적 영웅들〉에서 이렇게 덧붙인다. "이렇듯 영웅 신화는 혁명적 반항에 대한 정당화와 각자의 아버지에 대한 반항의 정당화를 동시에 아우른다. 아버지는 영웅을 어린 시절부터 짓눌러 왔다. 아버지는 영웅이 되지 못했기 때문이다. 여러 영웅의 육체적 결함 역시 이러한 맥락에서 개인이 자기정당화에 이용했을 거라고 이해해야 할 것이다." 신화는 이렇게 각자가 속으로 은밀히 쓰는 소설과 유기적으로 결합한다.

개인은 무의식적인 삶 속에서 아버지에게 막연한 적개심을 느낀다. 아버지의 말은 옥죄고, 훼방 놓고, 금지를 앞세우는 말이다. 영웅적 자아는 아버지의 말을 대하면서 자기도 이렇게 강하고 영리하고 똑똑하고 영웅적인 존재가 되려면 자기를 자꾸만 제한하는 이 존재를 뛰어넘어야 한다고 느낀다. 하지만 여기서 어떤 잉여물이 남는다.

신경증은 결코 아버지의 말, 혹은 어떤 이상을 나타내는 부모의 말을 완벽하게 거역할 수 없다. 그래서 저마다의 크립토나이트, 일종의 후유증이 생기는 것이다. 그래서 "아이는 자신의 결점이나 태만에 대해서 아버지에게 들었던 꾸지람을 신화 속에, 그 꾸지람에 상응하는 정도로, 끼워 넣는다. 그래서 영웅은 그의 자부심을 짓누르는 약점들을 부여받는다"라고 프로이트는 《신경증 환자의 가족 로맨스》에서 말한다. 이러한 발현 작용을 통하여 개인은 잉여물을, 그에게 아버지의 말을 나타내는 어떤 동일시적 특징을, 혹은 아버지가 그를 지칭했던 방식을 간직하게 된다.

슈퍼맨의 경우, 조-엘은 그의 이름, 장식 휘장, 약점까지 아들에게 물려주었다. 그의 이름 '엘'은 아들 칼-엘에게 정신적 유산을, 슈퍼맨이 가슴에 달고 다니는 장식 휘장을 물려주었다. 크립톤에서는 이 S가 '희망'을 상징하기 때문이다. 하지만 이 문자는 지구에서의 새로운 이름 '슈퍼맨'을 상징하는 동시에 아버지가 물려준 유산과 사명도 나타내기 때문에 이중적이다. 칼-엘은 크립토나이트가 상징하는 적대감에도 불구하고 그 크립톤의 유산 바깥에서 습득한 능력을 통해 그러한 약점을 극복한다. 그는 크립토나이트가 앞길을 가로막을 때마다 단단한 인간관계와 특별한 애정에 기대어 이겨낼 수 있을 것이다.

이러한 무의식적 자취가 "적대적 동기와 […] 아버지를 향한 애정"을 공존하게 해준다. 그리고 우리 모두의 무의식에는 이 두 감정이 공존한다. 이 애정은 이때부터 아버지에 대해서 거리를 두고 자신이 변형적으로 물려받은 아버지의 힘과 결점을 다 고려할 줄 아는 아들의 감정으로 이해된다. 크립톤의 피폭이 치명적인 크립토나이트로 변형된 것처럼.

슈퍼맨은 이렇듯 개인적 신화, 다른 삶에 대한 환상을 품는 이에게 이상적인 그림을 제시한다. 이 세계에 속하지 않은 삶을 꿈꾸고 환상을 자유롭게 펼치면서 '기원 이야기'를 다시 쓸 수 있게 해주는 것이다. 슈퍼맨은 상징적 아버지, 라캉이 《신경증 환자의 개인적 신화》(1956)에서 말했던, 기능으로 구체화된 아버지를 찾는다. 칼-엘에게 크립톤의 크리스털에 깃든 아버지, 그것은 아버지의 이름이다. 아버지의 이름은 사회 구조의 조직 및 동일시

모델로 작용하는 부성적 기능이다. 그것은 각 사람이 자기와 동일시할 수 있는 신화적 이야기다. 여기에 속하지 않고 다른 세계에 속한 이야기다. 그래서 자기 이야기의 측면들을 보완하기 위해 이 신화, 진실과도 같은 이 시에 의지할 수 있다. 이렇게 말하는 이유는, 여기서 진실과 현실은 대립하지 않기 때문이다. 진실은 현실을 포장한다. 라캉이 자신의 저작 《신경증 환자의 개인적 신화》에 붙인 부제가 '신경증에서의 시와 진실'이다. 시와 진실은 각기 나름대로 우리가 우주를 건너 다른 세상을 꿈꾸게 해준다. 우리는 그 다른 세상의 유일한 생존자이고, 궁극의 희생까지 각오하는 저명한 아버지의 후계자로서 진실들과 어떤 이야기를 품고 있으며, 우리의 어머니는 자기 아이를 확실한 죽음에서 구해내는 사랑과 결단력을 지녔다.

슈퍼맨 신화에 이어지는 이야기는 계속해서 라캉의 《신경증 환자의 개인적 신화》에서 찾아볼 수 있다. "아버지의 기능을 가정하자면 단순한 상징적 관계가 전제되어야 한다. [⋯] 아버지는 단순히 '아버지의 이름'일 뿐만 아니라 그 기능으로 구체화되는 가치를 나타내야 할 것이다. [⋯] 아버지는 항상 어떤 면에서는 그 기능에 어긋나는 아버지, 태만한 아버지다." 우리는 이렇게 탁월한 "말의 기능과 사랑의 기능"으로써, 그리고 한편으로는 죽음으로써, 상징적 아버지와 실제 아버지의 분리를 재발견한다.

슈퍼맨에게, 그리고 신경증 환자에게, 실제 아버지는 연약하고 실수할 수 있는 존재다. 이 아버지는 여러 이야기에서, 코믹스에서나 영화에서나, 늙어가거나 죽는 모습으로 나타난다. 〈슈퍼맨〉(리처드 도너 감독, 1978)과 〈맨 오브 스틸〉(잭 스나이더 감독, 2013)에서 이 아버지들은 심장마비 혹은 사고로 죽는다. 실제 아버지는 죽음에 굴복하는 아버지이고, 이 죽음은 실제 죽음이다. 죽음은 슈퍼맨 신화의 토대를 통하여 어떤 인물처럼 나타난다. 신경증 환자들에게는 아버지라는 인물이 실제 삶의 어떤 사소한 사건을 계기로 둘로 나뉘는 경우가 흔하다고 라캉은 말한다. 슈퍼맨은 그런 면에서 아버지가 죽고 다른 아버지, 대체자 아버지가 나타나게 된 신경증을 나타낸다. 그 둘 사이에서 자기 동족들과의 관계, 인간 존재의 상상적 발전에 대한 근본적 경험으로서의 자기애적 관계가 수립된다.

이처럼 신화는 현실과 분리되지 않고 오히려 신화의 밑거름이 된다. 슈퍼맨이 건설한 개인적 신화는 문화의 상징적 차원과 유기적으로 연결된다. 문화는 그에게 전달된 것, 처음에는 이질적이었으나 자기 존재로 통합해낸 것이다. 그리고 이 유기적 연결에 의해, 기원에 대한 상상은 우리의 환상에 대해서 말해주며, 현실에서 겪어내고 감당한 것은 나르시시즘을 부양한다. 이 나르시시즘은 각자에게 고유한 상상적 힘을 끌어내어 시련에 맞서게 해주는 건강한 나르시시즘이다. 우리는 개인적 신화를 정초하고 그로써 상실, 죄책감, 어떤 면에서는 죽음에까지도 이미 맞섬으로써 미래를 검토할 수 있다. 각 사람은 슈퍼맨과 비슷하게 이러한 도정을 거침으로써 자기 자신의 새로운 버전이 되고 슈퍼맨처럼 "내일의 사나이"라고 불리게 된다.

배트맨 : 너는 배트맨이다

어린 시절의 브루스 웨인은 사랑이 넘치는 부모 슬하에서 자랐다. 아버지는 저명하고 훌륭한 의사였고 어머니는 세련되고 우아한 여성이었다. 그는 백만장자 집안에서 태어나 부티가 좔좔 흐르는 대저택에서 살았다. 프로이트는《신경증 환자의 가족 로맨스》에서 "가장 자주 나타나는 이 소설적 환상을 자세히 살펴본다면 두 부모 혹은 어느 한 부모가 더 위대한 인물로 대체되지만 이 높은 신분의 새로운 부모는 항상 실제 부모에 대한 기억에 근거한 특징을 지니고 있음을 확인할 수 있다." 여기서 어린 브루스 웨인의 집안은 훌륭하고 지체 높다. 가족 로맨스의 무대로 삼기에는 더할 나위 없는 배경이다.

부모에 대한 과대평가는 가족 로맨스에서 빠질 수 없는 요소다. 그래서 부모를 돋보이게 하고 이상화하기 위해 공상적 소설이 전개될 수 있는 무대 위에 실제 부모의 특징을 띠는 배우들이 배치된다. 프로이트는 이렇게 덧붙인다. "실제 부모를 더 지체 높은 부모로 대체하려는 모든 노력은 아이가 느끼는 노스탤지어의 표현일 뿐이다. 아이는 아버지가 세상에서 가장 훌륭하고 힘센 사람처럼 보이고 어머니가 세상에서 가장 아름답고 소중한 사람 같았던, 행복했던 어린 시절을 그리워하기 때문이다."

배트맨의 경우, 이 노스탤지어는 두 측면으로 나타난다. 부모가 부당하게 살해당했다는 비극적 사연 때문에 어린 브루스 웨인은 아무 걱정 없던 복된 시절에 노스탤지어를 느낄 수밖에 없다. 한편으로, 그의 이야기가 그리는 장면에서 우리는 브루스 웨인처럼 살아봤으면, 그렇게 저명하고 부유한 집안이 있었으면 하고 바랄 수 있다. 다른 한편으로, 배트맨 본인이 가족 로맨스와 잃어버린 시절에 대한 노스탤지어를 되새김질하는 신경증 환자다. 이러한 분리는 각 사람이 만드는 가족 로맨스에서 중요한 요소를 보여준다.

분리는 아이가 변장의 기술을 터득하게 해준다. 배트맨이 우리에게 보여주는 바를 프로이트는 이렇게 말한다. "아이의 성격이 그렇게 부패하는 것을 끔찍해하고 외면할 이에게, 그런 일이 있을 수 있다는 것을 반박하고 싶은 이에게, 우리는 이 모든 상상적 구성물이 언뜻 보기에는 적의로 가득 차 있지만 실은 전혀 악의가 없으며 부모에 대한 아이의 근원적 애정은 살짝 위장되었을 뿐 그대로 남는다고 말하겠다." 그래서 우리는 신경증의 가족 로맨스가 존재한다고 확언할 수 있다. 다시 말해, 근본적인 금지의 법을 통과하고 근원적 상실을 받아들인 사람은 누구나 신경증이고 아이에게 부모를 향한 애정과 적대감은 공존한다는 것을 알 수 있다.

우리는 아이를 잔인한 괴물로 묘사하려는 게 아니라 아이가 어떻게 구성되어 가는가를, 다시 말해 아이가 어떻게 자신이 동일시하는 인물들과 연결되고 어떻게 그 인물들로부터 분리되어 성장하는지를 묘사하려는 것이다.

배트맨은 자기 이야기 속 부모에게 동시에 느끼는 애정과 적대성을 이상적으로 보여준다. 그 이야기 속에서 고담시의 어두운 골목길에서 부모가 갑자기 살해당하는 장면은 몇 번이나 회상된다. 어린 브루스 웨인의 이야기에 자기를 동일시하고 자기의 독자적 가족 로맨스를 구성하는 사람에게는 브루스 웨인이 가능한 동일시의 버팀목이겠지만, 브루스 웨인은 어떤 면에서 자신의 가족 로맨스가 쓰이는 상황을 자기 눈으로 목격한 사람이다. 달리 말해보자면, 브루스 웨인이 자신의 어린 시절로 만든 이야기가 신경증 환자의 가족 로맨스가 아니라고 생각하지 못할 이유가 뭔가? 부모를 눈부시고 근사한 사람으로 만들기 위해 그가 다시 쓴 소설은 아닐까? 그는 그 부모와 분리되어 적대적 세상 속에 던져질 수밖에 없었지만 말이다. 브루스 웨인은 성장해야 하는 소년일 수 있다. 그는 자기 소설을 쓰고, 비극적 이별 장면을 다시 연기한다. 그의 부모, 그의 탁월한 아버지와 사랑하는 아름다운 어머니는 결코 그런 이별을 원치 않았을 것이다. 그렇다면 실제 아버지는 누구인가? 처음부터 그의 곁을 지키고 가능한 범위 안에서 무조건적으로 돌보는 집사majordome—같은 발음으로 읽히는 'major d'homme'(장교, 군의관)로 쓸 수도 있겠는데—앨프리드 페니워스가 있다. 이 실제 아버지는 환상화된 부유하고 명석한 아버지만큼 가치 있지 않다. 그래서 실제 아버지는 신경증 환자에게 '1페니 값어치pennyworth'밖에 되지 않는다. 이 대체 아버지는 그가 꿈꾸는 아버지처럼 돈이 많거나 탁월하지 않지만 곁에 있어 줌으로써, 더욱이 꿋꿋이 버텨주기 때문에 가치가 있다.

배트맨은 이렇듯 거창한 이야기를 꿈꾸는 소년인 동시에 무의식을 감추고 있는 가족 로맨스 너머에서 꾸며지는 바를 이야기하는 사람이다. 프로이트는《아크로폴리스에서 일어난 기억의 혼란》(1936)에서 그토록 가보고 싶었던 신화적인 장소에 드디어도착해서 느낀 실망과 낯설음의 양가적 감정을 말해준다. "사실이라기엔 지나치게 아름다운" 것의 원인은 사실 아버지와 관련된 요소에 있다. "그처럼 멀리 가봤다는 만족감에 어떤 죄의식이 결부되는 것이 틀림없다. 거기에는 잘못된 어떤 것, 처음부터 늘 금지되었던 어떤 것이 있다. 그것은 아버지에 대한 어린아이의 비판, 어린 시절의 과대평가를 대체한 경멸과 관련이 있다. 성공의 본질은 자기 아버지보다 멀리 가보느냐에 있고, 아버지를 앞지르는 것은 언제나 금지되어 있다는 잠재의식이 깔려 있는 것 같다." 여기서 죄의식, 아버지의 이미지에 대한 과대평가, 아버지를 넘어설 수 없음 등 배트맨 이야기를 관통하는 요소들이 뚜렷하게 보인다. 브루스의 아버지 토머스 웨인은 자신의 아내이자 브루스의 어머니 마사 웨인을 지키지 못한 채 죽었다. 고담시의 독지가이자 박애주의자였던 아버지를 브루스는 결코 넘어서지 못할 것이다. 그랬다면 배트맨이 진즉에 고담시에서 범죄를 종식하지 않았겠는가. 그런데 이 한계는 애초에 넘을 수 없는 것이다. 배트맨은 고담시를 끊임없이 구원하지만 이 도시는 다시 죄악에 빠진다. 배트맨이 슈퍼빌런을 겨우 제거하면 아캄 정신병원에서 또 다른 슈퍼빌런이 튀어나온다. 다크나이트는 고아와 과부를 구제하기 위해 죽어라 고생하면서 자기 아버지 역시 구원하지만 오만 가지 기발한 장치들에도 불구하고 아버지를 넘어서지 못한다.

가족 로맨스가 부분적으로 신경증 환자의 몽상의 무의식적 구조를 이루기 때문에 오이디푸스 콤플렉스의 그물눈에도 걸린다는 점은 말할 필요도 없다. 개인에게 오이디푸스 콤플렉스는 아버지, 어머니, 아이라는 행복하고 마법적인 삼자관계에서 아이가 어느 한 부모의 총애를 차지하기 위해서 다른 부모에게 경쟁심을 품는 시기에 해당한다. 아이가 원하는 총애의 기반에는 무의식적 성 충동이 깔려 있는데, 이러한 충동은 주체의 정체성과 성적 지향의 결정에 관여할 것이다. 물론, 아이와 두 아버지, 혹은 아이와 두 어머니도 동일한 방식으로 삼자 관계를 이룰 수 있다. 또한 한부모 가정에서도 상상적이거나 실제로 존재하는 제3자를 외부에서 찾아 이 같은 관계를 이룰 수 있다. 아이가 구성한 가족 로맨스는 이제 작동하는 오이디푸스적 요소들, 다시 말해 한쪽 부모에 대한 적개심과 다른 쪽 부모에 대한 접근을 융합할 것이다. 어린 브루스 웨인의 이야기는 위장된 방식으로 어머니를 지키고 아버지에 대한 적의를 불태움으로써 이 오이디푸스 콤플렉스의 시기를 처리할 수 있게 해주었다.

몇 번이나 재연되어 이제는 신화적이기까지 한 장면, 그것은 어두운 골목길에서 웨인 부부가 살해당하는 장면이다. 이 장면에서 늘 변하지 않고 두드러지는 요소들이 핵심을 파악하게 해준다. 웨인 가족이 영화를 보고 나왔는데 무장 강도가 불쑥 나타나 부부를 위협한다. 부부는 가진 것을 내어주었는데 그제야 토머스 웨인이 뭔가 행동을 취하려 한다. 강도가 총을 쏘고 마사 웨인은 땅바닥에 쓰러지는 남편을 보고 비명을 지른다. 강도가 다시 총을 쏘자 브루스의 어머니가 쓰러진다. 아이는 아연실색한 눈으로 어머니의 끊어진 목걸이의 진주알이 바닥에 흩어지는 것을 바라본다. 이 장면이 아버지의 몰락, 연적의 죽음, 어머니의 무조건적 사랑의 환기라는 점에서 오이디푸스적 장면을 꿈에 걸맞게 연출하고 있음은 명백해 보인다. 그 골목길에 무의식의 그림자들이 떠돌게 하면서도 어떤 출구를 제시하고 있는 것이다.

프로이트는 〈자아와 이드〉(1923)에서 남자아이의 오이디푸스 시나리오가 "아버지와의 동일시는 적대적 색채를 띠게 되고 아버지가 차지하는 어머니의 옆자리를 빼앗기 위해 아버지를 제거하려는 욕망으로 바뀐다. 이때부터 자식과 아버지의 관계는 양가적이다. […] 아버지에 대한 양가적 태도와 어머니에 대한 애정 일변도의 대상관계는 남자아이에게 있어서 단순하고 긍정적인 오이디푸스 콤플렉스의 내용을 형성한다." 여기서 '긍정적인', '단순한' 같은 용어들은 주체의 일반적 발달을 방해하지 않는 선에서 해소된다는 의미로 이해하면 된다.

프로이트는 좀 더 뒤에서 "좀 더 완전한" 오이디푸스 콤플렉스가 존재한다고 말한다. 남자아이가 "여자아이와 같이 행동하여 아버지에게 애정 어린 여성적 태도를 취하고 어머니에 대해서는 그에 상응하는 질투심과 적개심을 보인다"는 것이다. 하지만 단순한 형태의 오이디푸스 콤플렉스로 살펴보자면, 어두운 골목길의 범죄 장면은 이 콤플렉스의 매우 잘 응축된 속성들을 띠고 있다.

범죄가 일어나는 골목은 어린 브루스 웨인이 피해자이자 작가이기도 한 환상적 장면에 해당할 것이다. 이 백일몽 안에서 브루스 웨인은 조 칠이라는 인물을 만들어낸다. 조는 흔한 이름이다. 칠은 행위 자체에 상응하는 기표다. 칠Chill이 뜻하는 '차갑게 식히다'와 '오싹하다'가 환상적 장면의 두 성격을 그대로 드러낸다. 브루스-배우는 부모를 차가운 시신의 상태로 만들지만 브루스-아이는 그 장면을 바라보면서 오싹한 공포를 느낀다. 꿈속에서나 환상적 장면에서는 동일인이 여러 역할을 맡을 수 있다. 차갑게 식히는 자는 아버지의 속성을 벗겨내고 그냥 빗금을 직 그어 자신과 어머니 사이에서 지워버린다. 어린 브루스 웨인의 적개심은 아버지를 모욕하고 살해하는 이 장면으로 해소된다.

그다음 표적은 어머니다. 어머니가 바닥에 쓰러지고, 하이라이트는 진주 목걸이가 끊어지는 순간이다. 목걸이가 끊어지는 바람에 도난당한 물건이 현장에 남게 된 셈이다. 진주 목걸이는 환유를 통하여—다시 말해, 부분적으로 의미를 띠는 요소가 더 큰 의미를 나타냄으로써—바다를 상징한다. 그래서 아이가 어머니와 한 몸이었던 태내에서의 삶과 출산에 관여하는 액체를 잠재적으로 환기한다. 바닥으로 떨어진 진주, 어린 브루스 웨인의 눈앞에서 끊어진 목걸이는 정신적 외상을 남기는 요소다. 어머니는 시야 밖에 있는데 바닥에 떨어지는 진주알들만 눈앞에 자꾸 떠오른다. 트라우마처럼 반복되는 이 장면은 아이에게 트라우마를 남기는 것—섹스, 특히 어른들의 섹스—과 관련될 수 있다.

그러므로 끊어지는 목걸이와 바닥으로 떨어지는 진주는 또 다른 환상 장면을 참조하게 한다. 진주처럼 순수한 어머니가 아버지와 성행위를 하는 장면, 정신분석학에서 말하는 이른바 '원초적 장면scène primitive' 말이다. 아이는 아버지와 어머니의 성교로 자신이 수태된 순간을 상상하지만 곧바로 그러한 상상을 억압한다. 강도는 달아났다. 브루스 웨인은 성인이 되어 그를 찾아낸다. 배트맨이 직접 개입하지 않지만 조 칠이 살해당하는 버전도 있고, 배트맨이 그를 용서하는 버전도 있다. 어쨌든 조 칠은 무력화되지만 그가 저지른 행위의 결과는 그렇게 되지 않는다. 살해당한 아버지, 잃어버린 사랑의 대상인 어머니는 배트맨이라는 슈퍼히어로를 탄생시키는 기반이 된다.

프로이트는 〈자아와 이드〉에서 오이디푸스 콤플렉스의 해소에 대해서 이렇게 말한다. "오이디푸스 콤플렉스가 사라지면서 [...] 그 결과로 아버지와의 동일시와 어머니와의 동일시가 일어난다. [...] 초자아는 아버지의 성격을 띠게 될 것이다. 오이디푸스 콤플렉스가 심할수록 그에 대한 억압이 빨리 일어나고, 초자아는 도덕적 양심으로서, 나아가 무의식적 죄책감으로서 자아를 혹독히 지배할 것이다." 그래서 브루스 웨인은 아버지의 힘을 자기가 아버지에게 부여한 속성들의 형태로 빌려온다. 브루스 웨인에게 박쥐는 어린 시절 자기가 빠졌던 동굴을 연상시킨다. 그때 아버지는 힘으로 아들을 구해주었다. 배트맨이 태어났다. 이 탄생 장면, 이 소설, 이 개인적 신화가 정초되었다.

어머니와의 동일시에 대해서는 어떻게 생각하는가? 우리는 이 동일시가 물신에서 비롯됐으리라는 가설을 세워볼 수 있다. 이 물신숭배는 한편으로는 여성의 거세를 인정하지 않는다는(여성은 남근이 없기 때문에 어떤 대상을 통해서만 자기 욕망을 위치시킬 수 있다) 입장을, 그리고 다른 한편으로는 여성은 완전하며 혼자서 아이를 낳을 수 있고 아무 결핍이 없다는 입장을 참조하게 한다. 물신숭배는 서로 모순되는 두 생각을 공존하게 하는 분열이다. 프로이트는 〈물신숭배〉(1927)에서 페티시가 있는 사람은 자신의 물신을 숭배한다고 했다. 우리는 이 주장을 바탕으로 〈다크나이트 라이즈〉(크리스토퍼 놀런 감독, 2012)의 한 장면을 다시 생각해볼 수 있다. 브루스 웨인은 진주 목걸이를 일종의 성유물처럼 간직하고 있다. 그런데 캣우먼이 이 목걸이를 몰래 가져가면서 이 특별한 물건이 캣우먼을 배트맨의 성적 대상으로 만든다.

알고 있었나요?

배트맨 이야기의 대체 버전인 《플래시포인트》의 세계관 속에서 심판관은 브루스 웨인이 아니라 그의 아버지 토머스 웨인이다. 이 세계의 현실에서 브루스 웨인은 어릴 적 크라임 앨리에서 강도에게 살해당한다. 토머스 웨인은 아들의 복수를 하기 위해 배트맨이 된다. 그리고 여기서 조커는 마사 웨인, 다름 아닌 브루스의 어머니다!

스파이더맨: 너는 영웅이다

피터 파커는 고아로, 벤 삼촌과 메이 숙모에게 입양되어 자랐다. 그는 벤 삼촌의 죽음으로 다시 한번 고아가 된다. 이 두 번째 아버지의 죽음에서 우리가 아는 스파이더맨이 탄생했다. 피터가 거미에게 물려서 놀라운 힘을 갖게 된 것은 그 전의 일이다. 비웃음, 놀림, 불운에 익숙했던 그는 이 힘으로 개인적 이익을 취한다. 이제 그는 거금을 노리고 레슬링 대회에 나가서 챔피언이 된다. 경기는 비열하다. 스파이더맨은 거미처럼 민첩하고 완력이 뛰어나다. 그래서 승리를 차지하긴 하지만 어려움이 없었던 만큼 영광도 없다. 게다가 그의 무의식은 이렇게 될 줄 알고 있었던 것 같다. 그는 경기 주선자에게 약속대로 돈을 받아내지도 못한다. 그가 자신이 받아야 할 몫을 두고 협상을 하는 동안 끔찍한 대가가 돌아온다. 피터는 돈을 받아내는 데만 정신이 팔려서 강도가 도망가는 꼴을 보고도 그냥 무시하는데, 바로 그 강도가 벤 삼촌을 죽이기 때문이다.

피터는 그렇게 해서 다시 한번 고아가 되었다. 이번에는 실제 아버지가 아니라 아버지의 이미지, 상상적 아버지가—자기와 동일시하기 위해 제시한 이미지들이라는 뜻에서—죽은 것이다. 이때 죽은 아버지는 이미 진즉에 잃어버린 생물학적 친부가 아니라 가치를 전달하는 아버지다. 피터 파커는 고아이고, 스파이더맨은 태어났다. 그냥 초능력만 지닌 게 아니라, 몇 번이나 되풀이되는 주제가 알려주듯이 책임까지 지닌 존재로서 태어난 것이다. "큰 힘에는 큰 책임이 따른다." 이것이 스파이더맨의 라이트모티프, 그의 진정한 초능력, 강박신경증의 크기에 비례하는 책임이다.

잊을 만하면 환기되는 이 문장을 벤 삼촌은 사실 나중에야 제시한다. 피터 파커는 처음에는 죄책감에 잠식당한다. 특히 《더 어메이징 스파이더맨 애뉴얼 Vol. 1》(1964)에서 스파이더맨은 그 강도를 잡지 않았다는 사실에 심하게 자책을 한다. "이제 내가 무슨 일을 하든 중요하지 않아. 거미를 닮은 내 능력이 얼마나 출중한지도 중요하지 않아. 난 절대 그 비극적인 실책을 떨쳐낼 수 없을 테니까! 난 절대 나 자신을 온전히 용서할 수 없어! 때때로

나는 스파이더맨이 지닌 능력이 혐오스러워! 때때로 내가 그냥 평범한 청소년이었으면 좋겠어! 그냥 이 모든 일이 일어나지 않았더라면 얼마나 좋았을까!"

그렇지만 스파이더맨은 평범한 청소년이 맞는다. 아버지의 죽음에서 스파이더맨으로서의 탄생을 거치면서 그는 신경증 환자의 가족 로맨스를 유지한다. 프로이트는《신경증 환자의 가족 로맨스》에서 아이가 "아버지가 세상에서 가장 훌륭하고 힘센 사람처럼 보이던 행복했던 어린 시절"에 노스탤지어를 느낀다고 말한다. 아이가 아버지에게 등을 돌릴 때—스파이더맨도 자율적으로 생계를 꾸려 나가겠다고 하면서 이러한 태도를 보이는데—아버지의 다른 이미지가 그의 발목을 잡는다. 스파이더맨은 이때 "그가 어린 시절 내내 믿었던 사람"에게로 돌아온다. "환상은 사실 그 복된 시절이 사라져 버렸다는 아쉬움의 표현일 뿐이다." 마치 스파이더맨이 빌딩들 사이를 왔다 갔다 하는 것처럼, 위대한 운명을 쓰려는 시도와 노스탤지어의 회귀 사이를 오가는 시계추의 왕복 운동을 프로이트는 이렇게 묘사했다.

코믹스의 등장인물들은 사라졌다가도 재등장할 수 있지만 벤 삼촌은 결코 살아나지 않았다. 그 이유는 이 인물의 죽음이 스파이더맨의 탄생에 기반이 되기 때문이다. 이 이중의 고아 신세는 스파이더맨에게 근원적 상실을 환기하는 작용을 한다. 벤 삼촌의 죽음은 일찍 부모를 여읜 피터의 처지를 암묵적으로 자극하고, 프로이트가 언급했던 대로 "정상적 성인의 꿈속에서 어린아이와 같은 부모에 대한 과대평가"를 유지시킨다.

벤 삼촌은 스파이더맨의 생각 속에 거의 환각처럼 찾아오곤 한다. 마치 어린아이가 자기 욕구를 충족하기 위해 부모가 옆에 있다고 상상하는 것처럼 말이다. 《더 어메이징 스파이더맨 Vol. 1 #100》(1971)에서 피터 파커는 부모에 해당하는 또 다른 인물을 환각으로 만난다. 그는 약혼녀 그웬 스테이시의 아버지 스테이시 서장이다. 스테이시 서장은 스파이더맨이 약물 때문에 거의 미쳐 버린 때 마치 백일몽처럼 나타나, 스파이더맨의 책임을 다한다는 것은 축복인 동시에 저주라고 말한다. 그리고 《더 어메이징 스파이더맨 Vol. 1 #274》(1986)에서도 환각 속에서 벤 삼촌의 이미지는 이렇게 말할 것이다. "결국 나는 큰 힘에는 큰 책임이 따른다는 것을 네가 깨닫도록 도와주었던 사람이지."

두 상황 모두 부모에 해당하는 인물들은 꿈에 가까운 상태로 나타나며 성인의 환상 속에서 이러한 인물들이 하는 역할을 확인해 준다. 부모에 해당하는 인물들, 여기서는 아버지 역의 인물들은 여전히 과대평가되어 토템들의 위치를 차지한다. 그 토템들에 신경증의 근본 신화가 근거한다. 그 신화란 어린아이를 장차 되어갈 어른으로 만드는 개인적 이야기에 다름 아니다. 스파이더맨도 그런 인물이다. 고아라는 사실은 자신의 운명에 무의식적 함의를 부여하여 그 운명이 개인적 신화의 기능과 맞닿게 했다. 그렇게 각 사람은 자신의 운명을 알아보고, 주체가 파악하지 못해 대개 무의식으로만 남는 것을 이야기로 만든다

이 개인적 신화는 주체의 심리적 탄생을 정초하고 전달과 죽음 욕망, 경쟁과 동일시 같은 서로 모순되는 개념들을 유기적으로

연결해 준다. 이 심리 내적 모순은 필연적 분열을 낳는다. 슈퍼히어로들은 이러한 분열을 아주 잘한다.

여기서 우리는 스파이더맨이 경기장에서 상대했던 레슬러가 벤 삼촌을 대체한다고 생각할 수도 있다. 그 경기에서 이기고 받는 돈은 그의 해방, 어엿한 남성성의 발휘를 의미할 것이다. 그런데 피터 파커는 돈을 받지 못했을 뿐 아니라 그가 그냥 보내버린 강도에게 삼촌이 살해당하는 봉변을 당한다. 스파이더맨을 이 강도의 이미지와 연결한다면 어떨까? 어떤 면에서 그는 그 경기의 판돈을 훔치려고 한 것이다. 그는 초능력의 소유자이므로 그 경기는 공정하지 않았다. 그런데 강도가 벤 삼촌을 죽였다면 스파이더맨의 죄책감은 완전히 다른 국면을 띤다. 하지만 모든 신화가 그렇듯 분리된 이미지들은 행위 주체들을 분리해서 이야기할 수 있게 해준다. 스파이더맨은 강도이자 강도가 아니다. 강도는 벤 삼촌을 죽였다. 벤은 피터의 아버지이자 아버지가 아니다.

모든 이야기가 그렇듯, 이 이야기는 아버지에 대한 아들의 공격성, 오이디푸스 콤플렉스가 몰고 오는 경쟁을, 죽음의 행위 주체를 다른 이미지로 옮겨 시퀀스들로 나타낸다. 라캉이 프로이트를 다시 읽고 쓴 《신경증 환자의 개인적 신화》에서도 상상적 아버지와 상징적 아버지는 "곧잘 분리된다"고 했듯이 여기서 아버지의 존재는 분열되었다. 이 구분은 주체가 한 사람을 두고 두 가지 기능을 구분해 왔음을 뜻한다. 자신이 동일시하는 이미지들의 기능과 근본적 금지를 떠받치는 상징적 법의 기능이 그 두 가지 기능이다. 어떤 경우에는 이 구분이 우발적으로 보이기까지 한다.

현실에서 주체에게는 친아버지를 대체하는 양아버지가 있는데 그 관계가 잠재적으로는 더 우호적일 수도 있는 것이다.

스파이더맨과 벤 삼촌의 죽음이라는 이야기에서 죽음은 아버지이기도 하고 아버지가 아니기도 한 인물을 건드린다. 이제 우리는 스파이더맨, 강도, 벤 삼촌, 상징적 아버지라는 네 개 요소로 어떤 조직을 그려볼 수 있다. 죽음은 이 네 개 요소 사이를 순환하는 작용인作用因이다. 그래서 이 경우에는 창립 신화로서의 가치가 죽음에 부여된다. 벤 삼촌을 죽인 스파이더맨은 이렇게 해서 삼촌을 죽인 강도와 상징적 아버지를 죽인 스파이더맨으로 대체될 수 있다. 라캉은 실제로 죽음을 일종의 매개 요소로 두었다. 다시 말해, 죽음은 벤 삼촌이 사망함으로써 실현되었지만 그 행위는 스파이더맨이 아니라 강도가 한 것이기 때문에 실현되지 않은 것이기도 하다. 만약 스파이더맨이 행위 주체라면 그는 감옥에 가야 하고 이야기는 시작하자마자 끝을 보았을 것이다. 그랬다면 코믹스 역사상 가장 짧은 '왓 이프'(마블 슈퍼 히어로들의 유명한 이야기를 재창조한 시리즈) 중 하나가 되지 않았을까.

하지만 개인적 신화에서 자기애적 관계, 다시 말해 주체의 나르시시즘을 보존하는 가치 있는 관계는 동족들과 수립하는 것이다. 그리고 스파이더맨은 슈퍼빌런들과 싸울 때 이런 면에서 아주 편해 보인다. 라캉은 상징적 아버지의 기능 중 하나가 말의 기능이라고 여러 차례 지적했다. 우리는 스파이더맨이 싸우는 동안 끊임없이 늘어놓는 수다를 통해 나르시시즘과 말이 실제로 이 창립 신화에서 전해졌음을 알 수 있다. 피터 파커가 고아라는 사실이 수다쟁이 신화적 인물을 낳았다. 그의 장황한 수다는 이 인물이 신경증의 가족 로맨스에서 무의식적으로 표상하는 바와 어긋나지 않는다. 신경증이라는 면에서 스파이더맨은 비교적 누린 것이 많다. 하지만 그런 면을 넘어, 코믹스와 영화에서 숱하게 반복된 그의 기원은 우리의 신경증과도 비슷한 데가 있는 어떤 장면을 이야기한다.

아이러니하게도 스파이더맨이 스스로 지은 별명이자 나중에 얻은 별명이 "여러분의 친절한 이웃 스파이더맨"이다. 1950년대에 마을 공동체에 서비스를 제공하면서 홍보 문구로 사용했을 것 같은 표현이다. 우리는 생각을 좀 더 확대하고 엮어나가, 스파이더맨이 우리 각자의 신경증을, 각자의 개인적 신화를 말한다는 점을 이 문구가 환기하는 것은 아닌가 생각할 수 있다. 스파이더맨은 각 사람이 이웃이라는 분신과의 거울 효과를 통해 그와 마찬가지로 무의식의 그물에 걸려 있음을 환기한다. 그 무의식의 그물이 각자의 길을 엮어나가게 해주는 기반이 된다.

원더우먼: 신화와 진실

아마존의 여전사이자 슈퍼히로인 원더우먼은 1941년에 탄생했다. 이 캐릭터는 신경증의 또 다른 창립 신화를 설명해 주면서 지금까지도 놀라운 시의성을 드러낸다.

다이애나는 테미스키라섬에서 태어난 아마존 여성이다. 그녀는 그 섬에 표류한 스티브 트레버를 만나고 남성들의 세계로 가기 위해 테미스키라를 떠난다. 다이애나는 새로운 세계가 눈앞에 펼쳐지는 것을 보았지만 그와 동시에 전쟁도 발견한다. 그리고 군인들과의 즉흥적인 만남에서, 그다음에는 미국에 가서, 처음으로 남성과 여성의 차이를 발견한다. 아마존 부족은 여성으로만 구성되어 있었기 때문에 원더우먼에게 남자들의 세계는 바깥 혹은 미지의 것일 수밖에 없었다.

그런 점에서 원더우먼은 아이가 어머니와의 융합적 관계에 있다가 다른 성을 통하여 타자성을 발견하게 되는 과정을 보여준다. 여기서 말하는 '다른 성'은 생물학적 의미에서의 이성일 수도 있고, 더 나아가 아이에게 생명을 주긴 했지만 양육하고 돌보지는 않았던 성이라는 의미일 수도 있다. 다이애나가 바깥세상을 발견한 것은 어린아이가 최초의 돌봄 제공자이자 양육자와는 다른 타자를 발견한 것과 같다. 그리고 이 발견은 나중에 오이디푸스 콤플렉스 시기에 이 타자에게서 사랑과 욕망의 대상을 찾게 된다는 사실과 궤를 같이한다. 그러한 대상이 다이애나에게는 그녀를 아마존들의 세상과는 다른 세상으로 데려간 군인 장교 스티브 트레버다.

코믹스 히어로에게는 흔한 일이지만 원더우먼 역시 기원 이야기가 여러 차례 다시 쓰였다. 1987년에 시리즈를 재개하면서(《원더우먼 Vol. 2》) 다시 쓴 기원 이야기에는 매우 중요한 기반이 되는 요소가 추가되었다. 다이애나의 어머니 히폴리타는 아마존의 여왕이자 아주 오래전 과거에 살았던 여성이다. 그녀는 남자들 때문에 죽은 여성들 중 하나였으나 아르테미스가 여성으로만 이루어진 아마존 부족을 만들기 위해 소생시켰다. 아르테미스는 영혼들의 동굴에서 수세기에 걸쳐 사내의 만행으로 목숨을 잃은 여성들을 찾아냈다. 이렇게 되살아나 아마존이 된 여성 중에는 원래 임신 상태로 사망했던 여성이 딱 한 명 있었는데 그게 바로 히폴리타다. 그녀가 여전히 어머니가 되고 싶어 했기 때문에 신들이 아이를 주었다. 히폴리타가 진흙으로 아기를 빚자 아르테미스가 거기에 동굴에서 데려온 장차 태어날 아기의 영혼과 생명을 불어넣었다. 다이애나는 그렇게 태어났다.

이것은 남성의 폭력을 겪고서 자기 욕망의 힘으로 아기에게 생명을 준 어머니의 신화다. 우리는 이 신화에서 오늘날 아이를 혼자 키우는 어머니들의 상황이 겹치는 것을 볼 수 있다. 이러한 가정에서 자라는 아이는 원더우먼의 이야기와 꽤 흡사한 개인적 신화를 수립한다고들 한다. 아이는 엄마가 원했기 때문에 태어났고 다른 부모는 없다. 정자를 제공한 사람, 혹은 아이가 태어나기도 전에 엄마와 아이를 모두 버리고 떠난 사람이 있을 뿐이다. 아이는 그래서 출산의 순간에 엄마가 불어넣은 생기로만 태어났다. 다른 부모는 부재 상태로 남는다. 어머니만의 욕망으로 태어난 아이의 신화는 여기서부터 전개된다.

원더우먼은 남자의 도움 없이 태어난 완벽한 아마존이다. 이 완벽함의 감정을 떠받치는 중요한 사항이 있다. 아이는 엄마가 온전히 자기 차지라는 꿈을 꾼다. 엄마가 다른 욕망에 의해 엄마와 여자로 분열되지 않기 때문이다. 아이를 원하고 사랑하는 엄마와, 아이 아버지를 사랑하고 욕망하는 여자로 분열되는 게 보통인데 말이다. 이 모성적 존재의 분열은 아이가 자기 정체성을 확립하는 장이 된다. 아이는 완전히 자기 것이 아닌 어머니로부터 분리되어 최초의 타자, 즉 다른 부모를 시작으로 바깥세상에 개방적인 자세를 취하게 된다. 다른 부모가 물리적으로 옆에 있고 없고는 그리 중요하지 않다. 현실이 어떻든 간에, 어머니가 하는 말 안에 그 부모가 존재하는 것만으로도 그 부모의 자리는 마련된다.

이러한 내용이 한 남자의 느닷없는 등장에 힘입어 바깥세상을 발견하는 다이애나의 여정과 겹쳐 보이지 않는가? 그래서 이 남자는 어머니에게, 여왕에게, 여자들만의 섬에게 바깥세상으로 향하는 연결고리다. 2016년에 원더우먼이 여자들만의 섬 출신이기 때문에 양성애자로 밝혀지는 것은 사회적 측면을 차치하고서라도 심리적 측면에서 완벽하게 맞아떨어진다. 여자아이는 심리적으로 양성적이다. 아이는 한쪽 부모를 욕망하고 사랑의 대상을 찾다가, 그다음에는 다른 쪽 부모에 대해서 그러한 자세를 취함으로써—부모의 성별이 무엇이든 간에—애정 대상에 대한 심리적 양성애의 기초를 마련한다. 원더우먼은 이 뒤늦은 성 정체성의 표명에서 신경증 신화와의 유비관계, 그리고 그 신화에 의거한 인격의 수립을 확증할 수 있었다.

프로이트는 《신경증 환자의 가족 로맨스》에서 어린아이에게 "처음에는 부모가 유일한 권위이자 모든 신념의 출처"라고 했다. 그러한 신념은 아이에게 개인적 신화의 토대이기도 하다. 원더우먼은 이러한 진술을 제대로 확증한다. 그녀가 나중에 진실에 부합하지 않는 신화를 스스로 자기 삶의 기초로 삼았음을 확인하게 된다는 점에서 더욱더 그렇다.

원더우먼은 페미니스트 아이콘으로 여겨지지만 그녀라고 해서 신경증의 가족 로맨스가 없는 것은 아니다. 그러한 가족 로맨스는 무엇보다 그녀를 분열된 존재, 다시 말해 자신의 이상과 무의식 사이에 쪼개져 있는 존재로 만든다. 무의식은 인물의 심리를 정의하는 창립 신화에 바탕을 둔다. 게다가 원더우먼의 경우에는 이 창립 신화가 여러 변화를 겪는다. 진실의 귀재는 그녀 자신의 기원 신화가 삽시간에 재주조되고 가족 로맨스에 균열이 생기는 것을 보게 되리라.

슈퍼맨, 배트맨, 원더우먼 같은 DC 코믹스 슈퍼히어로들의 소위 '리버스rebirth'(재탄생)라고 불리던 시기에 원더우먼의 출생 이야기, 그녀의 가족 로맨스도 재해석되었다. 아마존들의 섬에 날벼락이 떨어진 것처럼, 다이애나는 자신이 어머니 혼자만의 바람으로 진흙으로 빚은 형상에 신들이 영기를 불어넣어 태어난 게 아니요, 아버지가 엄연히 존재한다는 사실을 알게 된다. 심지어 그 아버지는 신들의 왕 제우스다. 어머니의 욕망과 손길로만 태어났고 씨를 준 남성이라는 외부 요소 없이 직계 혈통이 되었다는 원더우먼의 신화는 이로써 완전히 뒤바뀐다. 가족 로맨스는 이리하여 이중 기저를 발견하게 된다.

프로이트가 일러 주었듯이, 아이는 부모의 이야기를 철석같이 믿는다. 여기서 다이애나는 어머니의 이야기가 틀림없는 진실이라고 믿었지만 사실 그 이야기는 일종의 가족 로맨스, 신화 안의 신화에 불과했던 것이다. 그러고 나서 나중에 기능으로서의 아버지이자 낳아준 사람으로서의 아버지가 등장했는데 그 인물은 신들의 아버지의 이름을 지니고 있다. 아마존의 여왕이자 원더우먼의 어머니 히폴리타는 제우스와 정을 통해 아이를 낳았다. 다이애나를 낳고 어머니가 되기 전의 히폴리타는 남성적 존재를, 신적인 타자를 욕망했던 것이다.

이러한 신경증 가족 로맨스의 변화는 중요한 두 가지 사항을 설명해 준다. 첫째, 신경증 환자의 가족 로맨스는 계속 변화하고 다시 쓰는 이야기다. 주체의 삶을 인도하는 무의식적 짜임을 만들기 위해 끊임없이 자기를 다시 쓰는, 아니 자기를 다시 쓰기를 멈출 수 없는 이야기인 것이다. 들은 것, 그것에 대한 이해, 무의식적으로 전해진 것, 여러 세대에 걸쳐 이야기로 주어진 것 사이의 끊임없는 왕복이 이 태피스트리를 짜고 이 개인적 신화를 써내려 간다. 둘째, 신경증의 개인적 신화는 진실에 근접하되 결코 도달하지는 못하는 이야기를 형성한다. 이 신화의 목표는 진실이 아니기 때문이다.

1956년에 라캉이 저 유명한 문화인류학자 클로드 레비스트로스의 〈신화학과 의례의 관계에 대하여〉의 발표를 두고 말했듯이, 모든 신화가 그렇다. "신화가 존재하는 이유는 […] 필연적으로 뭔가 열린 채로 남을 수밖에 없는 문제의 방정식이 어떻게 수립되는지 보여주기 위해서일 것이다. 해결 불가능한 것에는 해결 불가능성을 의미작용으로 나타내고 […] 불가능의 기표를 제공함으로써 부응한다." 다시 말해, 어떤 주체에게는 진실이 현실적 가능성에 얽매이지 않고, 욕망을 기표 즉 말과 연결해 주는 것에 따라 수립된다. 라캉은 마치 원더우먼의 기원에 대해서 알고 있기라도 하듯이, 주체에게는 두려움도 욕망과 마찬가지로 어떤 역할을 한다고 설명하면서, 임신할까 봐 두려워하는 남자아이의 예를 든다. 달리 말해보자면, 공포와 욕망은 주체의 말을 통하여 말한다. 그 말들은, 신화들처럼, 주체에게 있어서 진실인 말들의 이야기를 구성한다. 우리는 여기서 진실은 하나의 속성, 원더우먼의 이상적 목표 중 하나일 뿐이라는 것을 다시 한번 확인한다.

원더우먼의 이야기에 수정이 가해지고 새로운 탄생에 힘입어 두 개의 이야기, 두 개의 버전이 병존하게 되었다. 다시 말해, 원더우먼은 제우스의 딸이면서 제우스의 딸이 아니고, 그녀의 어머니는 혼자 딸을 낳았으면서 혼자 딸을 낳지 않았다. 원더우먼은 자신의 무기이기도 한 진실의 올가미를 제 몸에 옭아매고 자기 내면의 깊은 곳에서 진실을 찾는다. 《원더우먼 Vol. 1: 거짓들》(2017) 편에서 그녀는 모든 거짓을, 제우스에 대한 이야기가 사실이 아니었음을 발견한다. 하지만 이때 권위를 갖게 되는 것은 [출생의 진실이 아니라] 그녀 자신의 진실 아닌가? 원더우먼은 진실의 올가미를 자기 몸에 씌우는 행동을 통하여 마치 정신분석가를 찾아간 내담자처럼 자기 안의 진실을 탐색하는 입장에 서지 않는가? 그러한 진실은 그녀를 그녀 안의 깊은 욕망과 연결하고, 그녀를 진정한 본연의 모습이자 그녀가 되고 싶은 모습으로 만드는 신화를 정초한다. 보존된 신화는 원더우먼 고유의 슈퍼히로인으로서의 성격을 떠받치는 수단이 아닌가? 이런 의미에서 원더우먼이 제우스의 딸이냐 아니냐는 전혀 중요하지 않다. 원더우먼은 영웅성의 기반을 자신의 진실, 자기라는 인물의 본질 자체에 두기 때문이다. 그녀는 이러한 자세를 통하여, 해방은 각자가 구축한 개인적 신화에서 온다는 것을 가르쳐 준다. 해방은 각자가 상환하는 부채가 아니라 그가 전달하는 증여에서 온다.

원더우먼은 어머니의 욕망에서 빠져나오는 동시에 상서롭게 등장했던 남자에 대한 부채의식에서도 빠져나옴으로써 결국 진정한 영웅성, 우리 한 사람 한 사람의 영웅성은 승리하는 진실을 바탕으로 구성된다는 것을 잘 보여준다. 그런 면에서 이 캐릭터를 등장시킨 아이콘적 작품의 제목 '원더우먼: 승리하는 진실'은 의미심장하다. 이것이 원더우먼을 하나의 상징으로 만들고, 우리 한 사람 한 사람의 내면에서 말하는 것을 알려주며, 각자가 존재하기 전에 어떻게 욕망되고 이야기되는가를 보여준다. 원더우먼은 올가미, 팔찌, 방패, 검, 그리고 최근에는 팔을 몸 앞에서 X자로 교차하는 자세까지, 자신의 상징들로 무장한 해방의 인물이 됨으로써, 각 사람이 타자로부터 해방되기 위해 동일시할 수 있는 신화를 공들여 다듬는다. 이 타자는—타자성 자체의 의미로—남성, 압제자, 생물학적 아버지, 그 밖에도 여러 가지가 될 수 있다. 원더우먼의 신화는 우리들 각자의 가족 로맨스처럼 오늘날에도 대단한 시의성을 지니고 작동하는 신화다. 예를 들어 어머니밖에 없는 가정에서 자란 사람에게서, 혹은 부모로부터 분리되기 위해 다른 보호자적 존재를 만들어 내야만 했던 아이에게서 이 신화는 발견될 수 있다. 그리고 다른 한편으로, 이 신화는 가능한 동일시들을 통하여 진정한 원동력이 되는 진실과 해방을 추구하는 주체의 개인적 신화를 부양한다.

아이언맨의 경우: 재창조된 신화

토니 스타크, 일명 아이언맨은 붉은색과 금색 아머의 어벤저로서 원래, 그리고 비교적 최근까지도 이 인물의 기원 이야기는 기본적 수준에 머물러 있었다. 그는 부유한 기업인인 하워드 스타크와 마리아 스타크의 아들로 태어났는데 21년 전 불의의 교통사고로 부모를 한꺼번에 잃었다. 그는 스타크 인더스트리를 물려받아 세상 걱정 없는 군수 사업가가 되었고, 자기 가문 소유의 회사에서 개발하는 새롭고 기발한 장난감들을 가지고 논다. 그러다 군사적 공격을 당하고 포로가 되는 사건을 계기로 스스로 "무적의 아이언맨 invincible Iron Man"임을 천명하게 된다. 토니 스타크는 아이언맨 아머, 다름 아닌 현대의 기사 갑옷을 발명하고 그 성능을 계속 개선하다가 급기야 자기 몸에 익스트리미스 바이러스를 주입하기에 이르고 그 덕분에 하이테크 아머와의 인터페이스를 강화할 수 있었다. 아이언맨은 이로써 특별히 첨단 장비와 연결된 슈퍼히어로가 되었다.

바람둥이에다가 천재적 두뇌의 백만장자인 토니 스타크는 아머를 상황과 적에 맞게 변화시킬 수 있었다. 그는 어벤저스의 창립 멤버로 여러 모험에 뛰어들었고 차츰 영향력과 이미지를 확대함으로써 거의 신화적인 위용을 떨치게 된다. 흥미로운 점은 이렇게 토니 스타크가 나중에 명성이 높아짐으로써 코믹스와 영화를 막론하고 마블 유니버스 전체의 핵심 인물이 되자 그의 기원이 레트콘—《아이언맨 Vol. 5 #17》(2013)—으로 다시 쓰여졌다는 것이다. 이 레트콘은 토니 스타크의 기원, 그의 호적등본 자체와 다르지 않다.

토니 스타크는 어떤 임무를 수행하던 중에 자기 부모가 친부모가 아니고 양부모라는 사실을 알게 되고 이로써 아머를 입은 영웅은 신경증 환자의 가족 로맨스에 돌입한다. '레트콘'은 슈퍼히어로들에게 흔한 것이지만, 아이언맨의 레트콘은 스케일이 크기도 하거니와 특별한 함의를 지닌다. 아버지 하워드 스타크, 복잡한 부자 관계에 대한 토니 스타크의 회상 장면이 여기서 자주 나온다. 혈연관계까지 바뀐 것은 예기치 못한 효과를 낳았지만, 그 효과가 신경증 가족 로맨스의 현대적 반영이 된다. 여기서 기원의 개정은 슈퍼히어로의 신화적 존재로서의 부상과 맞물린다. 더욱이 〈어벤저스: 엔드게임〉(앤서니 루소 · 조 루소 감독, 2019)에서 아이언맨은 세계와 우주를 구하기 위해 자기를 희생하기 때문에 그는 더욱 신화적 존재가 된다. 코믹스에서 이것이 아이언맨의 첫 죽음은 아니지만 이 영화상의 죽음은 그를 더욱 비견할 데 없는 위치로 올려놓았다. 영화와 코믹스는 인물 구성의 여러 측면을 곧잘 상호 반영한다. 2013년의 레트콘(《아이언맨》, 마블 나우)은 토니 스타크의 출생에 수정을 가함으로써 새로운 개인적 신화를 만들었다. 천재 발명가 슈퍼히어로의 기원은 재창조되고 최초의 기원은 표면적인 것으로 남는다. 가족의 비밀은 천재 발명가를 슈퍼맨이나 스파이더맨 같은 양아들로 만들고 부모의 죽음은 아버지의 경쟁자가 사주한 교통사고를 위장한 살인이 되어 배트맨 비슷한 분위기를 더한다. 토니 스타크는 재발명되었다. 모든 신경증 환자가 자신의 가족 로맨스를 꿈꾸고 다시 만들 수 있듯이 말이다. 그는 특별한 영웅이 되어 자신의 환상을 부상시키기 위해 가족 로맨스를 다시 쓰고 그 도식을 새롭게 프로그래밍한다.

아이언맨의 흥미로운 점은 그가 자신의 초능력을 스스로 만들었을 뿐 아니라 자신의 기원도 만든 자라는 것이다. 그가 자신의 기원을 뒤늦게 발견했다는 점에서 그렇다. 1963년에서 2013년까지 장장 50년 동안 아이언맨의 과거는 변하지 않았다. 신경증 환자의 환상은 실제 부모보다 훨씬 더 유명한 부모를 상정하지만 토니 스타크는 그 반대다. 그는 실제로 유명한 부모에게서 태어났으니까. 그는 어떤 모험을 수행하던 중 자기 부모가 그를 갓킬러라는, 신적 위력을 지닌 아머의 파일럿으로 키우기 위해 유전자를 조작했다는 사실을 알게 된다. 하지만 갓킬러를 조종하려고 시도해도 그는 할 수 없다는 것이 밝혀졌다. 그래서 토니 스타크는 자기가 부모라고 믿었던 사람들이 부모가 아니라는 것을 알게 된다. 이때 추락이 일어난다. 하지만 이 추락은 토니 스타크의 알코올중독에서 이미 내비치는 공허감과 호응한다. 알코올중독은 그의 존재 깊은 곳의 결여의 징후처럼, 그의 불안한 상처처럼 소급적으로 읽힌다. 우리는 여기서 자신의 진정한 이야기를 쓰고 현실에 비추어 가족 로맨스를 재구성하기 위해 어떤 비밀이 남아 있음을, 어떤 이야기가 빠져 있음을 볼 수 있다.

토니 스타크, 자수성가의 환상

토니 스타크는 아머를 만들기 시작하면서부터 거액의 재산과 군수회사를 물려받아 초강력 장난감들을 판매하는 근심 걱정 없는 아이에서 자기 행동의 결과를 의식하는 인물로 바뀐다. 그는 납치당하고 협박을 당하면서 내면의 전쟁을 경험한다. 그가 무사히 풀려나려면 자기를 감금한 이들을 위해 무기를 만들어 주어야 할 판이다. 우리는 여기서 토니 스타크의 두 번째 탄생을 본다. 토니 스타크는 폭발로 부상을 입고 죽음의 문턱까지 간다. 카운트다운 속에서 포탄의 파편이 그의 심장으로 날아오는 동안, 그는 더욱 근원적인 각성에 이른다. 그것은 자기가 죽을 수도 있다는 깨달음이다.

자신의 유한성, 부모의 유한성을 깨달은 아이처럼 토니 스타크는 자신이 갇혀 있던 동굴 안에서 자신의 한계와 무력함을 직시한다. 그때 다른 죄수가, 적들이 요구하는 무기 대신에 그의 심장과 목숨을 위협하는 유산탄을 막을 아머를 만들 수 있도록 그를 돕는다. 필멸성이, 따라서 거세가, 다시 태어나는 토니 스타크를 강타한다. 거세는 아이를 불멸감에서 필멸감으로, 무한한 역량에서 유한한 역량으로 떨어뜨리는 고통스러운 감정이다. 토니 스타크는 아무 걱정 없던 아이의 상태로 그 동굴에 들어갔다가 무적의 아이언맨이 되어서 나온다. 마치 불안과 비탄을 마주한 아이가 "하나도 안 아파!"라고 호기롭게 외치듯이 말이다. 이렇게 해서 한편으로는 천하무적을, 다른 한편으로는 취약함을 내세우는 슈퍼히어로가 탄생한다.

토니 스타크는 인센 박사의 도움으로 모든 부품을 만들어 자기를 구원할 동시에 보호할 아머를 재발명한다. 그렇지만 이 아머는 그가 곧바로 죽지 않도록 가슴팍에 심은 전자석의 확장이라는 면에서 그를 가두고 있기도 하다. 토니 스타크의 목숨은 이 시기에 각자의 필멸성을 환기하듯 계속 실 한 오라기에 아슬아슬 매달린 꼴이었다. 토니 스타크는 이 필멸성으로 슈퍼히어로의 맹세를 한다. 보호와 해방의 도구인 아머를 선을 위한 싸움의 수단으로 남기기로 하는 맹세 말이다.

하지만 이야기는 여기서 끝나지 않는다. 아이언맨이 따라가는 궤적은 주체를 관통하는 환상의 변화를 개인적인 아동기 성 이론과 좀 더 집단적인 환상의 변화에 포개놓는다. 코믹스에서나 영화에서나 아이언맨은 금세 취약해진 심장의 치유제를 찾아낸다. 아머는 이제 그의 목숨을 구하는 기능은 없이 그의 신체의 확장이 된다. 토니 스타크는 전투에서 아머가 망가지거나 에너지가 고갈될 때마다 명재경각의 위험에 직면하는, 마치 다모클레스의 검 아래 놓인 듯한 존재였으나 이제 증강 인간이 된다. 아머는 끊임없이 환기되는 필멸성과 거세에 대한 미봉책으로서의 기능을 상실하고 그의 신체와 사유의 돌출물이 된다. 아이언맨은 이제 거세당하는 주체가 아니라, 아머의 성능이 점점 발전하고 그의 신체의 확장이 되어감에 따라 끊임없이 자기를 재발명하는 주체다. 나노기술이 사용된 부품들은 수행해야 할 과업과 대처해야 할 현실에 맞게 무한히 조정 가능하다. 이제 극도로 유연한 주체가 등장한다. 최초의 아머는 끊임없이 환기되는 필멸성과 한계를 드러내는 거세를 일시적으로 수습하는 도구였지만, 아이언맨은 자신의 상상과 욕망 외에는 아무 한계도 없고 자기 신체와 심리의 연장인 아머를 모든 상황에 적응시킬 수 있는 존재가 되었다.

이제 이 그림을 완성하고 어떤 아이들이 사적인 아동기 성 이론을 통해서 표현하곤 하는 진정한 자기생성의 환상에 도달하기 위해 필요한 요소는 하나밖에 없다. 실제로 어떤 아이들은 자기가 자기한테서 태어났다고, 자기가 태어나고 싶어 했기 때문에 출생한 것이라는 환상을 품는다. 이로써 자신이 부모의 욕망, (그들의 의지로 좌우되지 않는 다른 사람이라는 의미에서) 타자의 욕망에서 태어났고 그의 수태는 그들에게 비롯되었으니 상징적 부채가 발생한다는 원리는 철회된다.

자기생성의 환상은 이 상징적 부채를 지워버린다. 상징적 부채는 갚아야 할 빚이 아니라 타자와의 연결 회로를 형성하고 세대 사슬 속에 어린아이를 위치시킨다. 자기생성의 환상은 상상적 차원에서 자기충족적인 주체를 만들어 그 원리를 차단한다. 이리하여 최근 이야기(《토니 스타크: 아이언맨 Vol. 1 자수성가한 남자》, 2019)에서 토니 '아이언맨' 스타크는 죽었다가 새로운 몸을 입고 다시 태어나기에 이른다. 그는 자신의 정신을 백업 장치에 저장해 놓았다가 자기가 직접 만든 생물학적 외피에 옮겼다. 그때부터 아이언맨은 더 이상 부모에게 갚아야 할 빚이 없고—그의 양부모는 친아들을 은밀히 숨겨놓고 있었으므로—자신의 정신과 육체를 스스로 만든 사람이 된다. 슈퍼히어로의 본원적 발생은 그가 장차 채워야 하고 영웅적 방식으로 사용해야 할 결함을 찾게 함으로써 이 자기구제의 아머를 타인을 지켜주는 아머로 변화시킨다. 새로운 발생은 결함도 없고 타자들에게 진 부채도 없이 스스로 생성된 완전한 아이언맨을 만들어 낸다.

아머를 개량해 온갖 종류의 위협에 맞서는 유연한 슈퍼히어로가 됨으로써 아이언맨은 자기 신체를 변화시키고 이 부활 이후 새로운 패러다임을 전개한다. 그는 상상력을 유일한 한계로 두고 자신의 정체성을 집단적 과정을 통해 만든다. 각 사람은 마치 수직적 관계뿐만 아니라 수평적 관계로도 활성화되는 소셜 네트워크에 참여하듯이 그 과정에 참여할 수 있다. 아이언맨은 스스로 생성되고 협업으로 증강된 최초의 인간이 되었다.

1963년 버전은 인간이 자기 한계를 배우고 필멸성과 거세의 한계에 기대어 타인을 영웅적으로 돕는다는 내용이었지만, 잇단 변화를 통하여 오늘날의 아이언맨은 자신의 기원, 한계, 타자에 대한 관계를 바꾸어 나가는 슈퍼히어로가 되었다. 과거의 수직성에서는 아버지의 이름이 유산을 전달하지만, 스타크가 더 이상 아버지의 유산을 의미하지 않고 토니 스타크가 제품을 무한히 찍어내는 하나의 브랜드, 어떤 문장紋章을 나타내면서, 이제 아버지의 이름 따위는 떨쳐버린 주체가 된다. 스타크 언리미티드가 그의 회사 이름이다. 이것이 리모델링된 환상, 재정비된 욕망의 양상을 지닌 새로운 아이언맨, 새로운 현대적 주체다. 욕망에 제한을 두지 않고, 현대 경제가 제공하는 사회적 양상들에 착 달라붙는 주체 말이다. 토니 스타크는 시장경제와 심리 경제의 유기적 결합을 완벽하게 보여준다. 프로이트적 의미에서 심리 경제란 증강, 축소, 등가라는 관점에서 심리 구조 내에 순환하는 충동 에너지를 말한다. 요컨대 무의식의 시장경제라고나 할까. 아이언맨은 이 재구성된 투기적 인간의 첨병이다. 그럼에도 그는 투기 논리와 치열하게 씨름하는 인물로 변화됨으로써 슈퍼히어로로 남는다. 그는 여전히 자기 자신을 탐색하기 때문이다. 그리고 거의 본의가 아니어도, 팽창된 나르시시즘에도 불구하고 사람들의 목숨을 구하는 데 성공하기 때문에—아마도 자기 자신을 구하는 데 성공하지 못해서—그는 여전히 슈퍼히어로다. 그는 자신을 재발명했지만 그래도 환원 불가능한 결함은 남는다. 아머를 입은 슈퍼히어로의 결함은 점점 더 깊이 숨겨질지언정 분명히 현존한다. 아이언맨에게 진짜 무적인 것은 이 결함, 이 분리다. 그는 한편으로 아머를, 신체를, 기원을 점점 더 강력하게 통제하지만, 거기서 다른 한편으로 환원 불가능한 일부는 달아나 버린다. 마치 작은 사물 하나가 빠져 있는 것과 같아서, 아이언맨은 언제나 기어이 욕망할 수밖에 없고 자기 자신을 구하기 위해 타인을 구할 수밖에 없다.

임상적 설명: 자기생성의 환상

환자가 치료를 받으면서 가족 로맨스를 떠올리는 일은 드물지 않다. 그들은 자기를 진정으로 사랑하는 부모가 알 수 없는 사정이 있어서 다른 부모에게 맡기고 떠났다는 식으로 출생의 비밀을 상상한다. 왕족 출신, 초자연적 출신 이야기는 그들의 상상계를 부양하고 그들의 잠재된 자기애적 상처 혹은 사랑의 상실을 치유한다. 저마다 자기가 슈퍼히어로인 개인적 신화를 고독의 요새 안에 구축하면서 자기 방식대로 자기의 결함을 치유할 수 있다.

그리고 또 어떤 아이들은 자기생성의 환상을 길잡이 삼아 개인적 신화에 접근한다. 이 아이들은 아이언맨처럼 자기 기원의 환상적 표상에 참여한다. 다시 말해, 자신의 수태와 출생에 자기도 적극적으로 한몫을 했다고 상상한다. 어떤 아이는 엄마가 임신할 때 자기도 있었고 자기가 엄마 뱃속에 들어갔다가 세상에 나온 것이라고 말할 것이다. 또 어떤 아이는 스스로 신체의 각 부분을 연결해서 지금의 모습이 되었노라고 말하면서 자기 몸을 성장하고 변화하기 위해 다시 연결할 수 있는 기계처럼 상상할 것이다. 자신이 넘어서야 할 장애물에 따라 아머를 개량하는 꼬마 아이언맨이 떠오르지 않는가?

이 경우, 아버지의 존재는 다소 부수적인 것이 된다. 이 아이들은 개인적 신화 속에서 아이인 동시에 아버지가 되기 때문이다. 부성적 존재, 자기를 뱃속에 품지 않았던 부모에 대한 부채는 무효화된다. 이 아버지들은 아이 자신의 성인 버전, 잠재적 우군으로 여겨지기도 하고, 때로는 제거해야 할 경쟁자나 적으로 여겨지기도 한다. 이 경쟁이 반드시 오이디푸스적 관계, 즉 아버지 혹은 그에 준하는 다른 사람을 향한 어머니의 욕망에서 기인하는 것은 아니다. 이 경쟁은 처음에는 대결 관계 속에 자리 잡는다. 이 아이들에게 어머니의 사랑은 결정적으로 획득된 것이기 때문이다. 다른 부모는 때로는 한계를 세우는 효과가 없는 존재, 때로는 제거해야만 하는 적대적 인물로 이해될 뿐이다.

영화 〈가디언즈 오브 갤럭시 Vol. 2〉(제임스 건 감독, 2017)에서 스타로드의 경우가 그렇다. 되찾은 아버지는 처음에는 이상화되지만 이내 평판이 추락하며 적대적 얼굴을 드러낸다. 아버지는 스타로드에게 양자택일을 요구한다. 아버지처럼 거의 신적 존재가 되어 친구들을 버리고 인간 조건을 뛰어넘어 살든가, 그게 아니면 아버지의 적이 되라고. 스타로드는 친구들을 지키고 자기 동족들에게 적대적인 아버지, 일명 에고와 맞서는 편을 택한다. 스타로드는 나르시시즘이 지나친 아버지인 에고와, 부친살해라고 규정할 만한 싸움을 벌인다. 경쟁 차원에서 이루어지는 이 싸움 속에서 그는 아버지가 어머니의 죽음에 책임이 있다는 사실을 알게 된다.

아이들은 이러한 환상적 시나리오 속에서 자기를 찾는다. 그 안에서 부모는 연합해 있는 한 덩어리로 나타나지 않고 아이는 어느 한쪽 부모의 사랑을 지키기 위해 다른 부모와 싸운다. 이 환상은 오이디푸스적 영역에 존재할 수 있다. 다시 말해 어머니의 애정 어린 관심을 아이에게서 빼앗아 가는, 욕망의 대상으로서의 아버지를 제거하는 환상인 것이다. 권위 있는 존재를 파괴하는 환상은 이 삼각관계에 위치하지 않는 아이들에게서 나타난다. 이 아이들은 가족 로맨스를 훨씬 수평적으로, 자기가 제쳐야 하는 이상화된 권위 있는 존재보다는 출생의 부채가 없는 대등한 존재와의 관계로 상정한다.

그들의 자기생성은 부성적 존재를—스타로드에게 에고가 그랬던 것처럼—모두가 대등한 세상에서 자리를 잡기 위해 제거해야 할 대상으로 만든다. 한계를 없애고 불안을 마주하는—경계가 없으면 어지러울 수밖에 없으므로—수평 상태를 위해서.

스타로드가 〈가디언즈 오브 갤럭시〉 1편(제임스 건 감독, 2014)에서 인간의 능력을 소진시키는 파워스톤에 대하여 느끼는 감정이 딱 그렇다. 아버지가 물려준 외계의 유산 덕분에 스타로드는 동료들의 도움을 받기 전에도 적어도 잠깐은 그 능력을 감당할 수 있었다. 이 장면이 아버지 에고와의 대결 앞에 위치하는 이유는 그 대결과 암묵적으로 관련이 있기 때문이다. 그리고 2편의 대결 끝에서 스타로드는 아버지에게 물려받은 잠재적 능력을 잃고 자신의 동료들을 도덕적 나침반이자 경계선으로 삼게 될 것이다.

치료에서 가능한 해결책도 다르지 않다. 이러한 문제에 사로잡힌 아이들이 적대적이지 않은 인물들에게 기댈 수 있게 하고 평화적 한계를 제공할 것. 그로써 이 아이들은 자기 전능성의 일부를 양도하는 것을 받아들이고 가까운 사람들, 어머니, 아버지, 또래 집단과 평온하고 새로운 우호 관계를 맺을 수 있다. 개인적 신화의 의미심장한 다시 쓰기가, 파괴적 불안을 줄이고 건설적 쾌락을 증대할 것이다.

슈퍼히어로는 슈퍼신경증인가?

슈퍼히어로들을 살펴보다 보면 프로이트가 자신이 분석했던 환자들을 바탕으로 명명한 신경증의 범주들, 즉 공포증, 강박증, 히스테리 등을 하나하나 만날 수 있다. 가면을 쓴 슈퍼히어로들은 나름의 환상적 방식으로 각자의 신경증을 이야기하고 그들의 슈퍼신경증을 통하여 프로이트 이론의 근간을 재발견하게 해준다. 아무것도 두려워하지 않기, 이것이 슈퍼히어로들의 라이트모티프다. 배트맨은 범죄자들을 벌벌 떨게 하는 자, 자신을 둘러싼 어둠을 두려워하지 않는 자로서 나타난다. 맹인 슈퍼히어로 데어데블은 자칭 "두려움 없는 자"다. 슈퍼히어로의 "하나도 안 무서워!" 유의 자세를 만들어 내는 것과 공포증 사이에는 상관관계가 있다. 강박증은 가면 아래의 충동적 기믹[4]을 통해서 볼 수 있다. 우리는 스파이더맨이 큰 힘과 큰 책임에 대해서 충동적으로 되풀이하는 그 말이 어떤 식으로 강박신경증을 드러내는지 살펴볼 것이다. 그렇다면 히스테리는? 히스테리

4 [옮긴이 주] gimmick. 상품에 대해 대중의 관심을 끌기 위해 사용되는 특이한 전략, 또는 그 전략에 사용되는 그 상품의 특징. 여기서는 슈퍼히어로 캐릭터들이 지닌 독특한 특징(스파이더맨의 경우 말버릇)을 가리킨다.

도 슈퍼히어로의 특성인가? 우리는 이 물음에서 출발하여 히스테리를 클리셰 밖에서 살펴보고 슈퍼히스테로이즘이라는 것의 윤곽을 파악해 보겠다.

헐크 변신의 슈퍼신경증과 불안

꼬마 한스와 빅 헐크: 폭발적 거세 불안

"꼬마 한스"는 프로이트가 자신이 분석한 남자아이에게 붙여준 이름이다. 이 아이는 극심한 공포증을 겪고 있었는데, 프로이트는 《다섯 건의 정신분석》(1935)에서 이 공포증을 떠받치는 요소들을 밝혔다. 헐크는 물리학자 브루스 배너가 감마 폭탄 실험 중 피폭을 당한 후 간헐적으로 변신하게 되는, 가공할 힘과 파괴력을 지닌 괴물의 이름이다. 헐크는 화가 많이 날수록 힘이 세진다. 한스Hans와 헐크Hulk, 이 두 개의 H 폭탄 사이엔 무슨 관계가 있을까?

앞으로 보겠지만 이 둘은 우리에게 어린 주체, 특히 남자아이들을 공포에 몰아넣는 불안에 대해서 말해준다. 정신분석학은 그 불안을 '거세 불안'이라고 명명했다. 프로이트는 남자아이가 페니스를 잃을까 봐 두려워하는 심리에 대해서 설명했고 이 불안의 명칭도 거기서 왔지만, 사실 '거세'는 더 광범위한 의미로 어린아이 특유의 전능감에 대한 상실을 뜻한다. 불안이 생식기로 집중되는 것은 남근의 문제를 불러일으킨다. 여기서 남근은 생물학적 기관이 아니다. 이 남근이 나타내는 바는 자기가 그것을 가지고 있다고 생각하는가 그렇지 않은가, 혹은 그것이 없는 타자를 위해 가져야만 한다고 생각하는가에 따라 다르다. 그래서 이 남근이라는 상징은, 타자와의 관계 면에서 자기가 어디에 있는지를 알려주는 역할을 한다. 이 타자와의 관계는 성적 관계를 포함하지만 단지 그것만은 아니다.

인크레더블 헐크와 꼬마 한스는 공통의 불안을 보여준다. 그것은 부성적 존재의 위협 때문에 뭔가를 잃을지도 모른다는 불안이다. 헐크의 변신과 한스의 불안을 촉발하는 것 역시 공통적으로 공포라는 차원에 있다. 이 공포는 좀 더 깊숙이 처박혀 있고 숨겨져 있는 또 다른 요소, 거세 불안을 생각해 보게 하는 단서다.

프로이트는 꼬마 한스가 말[馬]을 특히 무서워하는 이유가 실제로 자기 페니스를 잃을지 모른다는 공포와 관련이 있다고 보았다. 이 공포는 아들이 무의식적으로 엄마를 욕망하는 오이디푸스 콤플렉스에서 비롯되었고, 그러한 욕망은 아버지의 보복이라는 상상적 위협을 낳는다. 아버지는 여기서 거세를 일으키는 존재다. 아주 간단하게는, 남자아이는 엄마의 관능적 총애를 계속 붙잡아놓고 싶고 엄마와 한 침대를 쓰고 싶지만 연령이 어느 정도 되면 더 이상 그래서는 안 된다고 지시하는 아버지라는 존재와 부딪힌다. 이런 식으로 그려볼 수 있는 장면이 그러한 금지와 싸우는 꼬마 한스에게 불안 효과를 일으켰을 것이다. 헐크에게도 한계, 아버지, 분노라는 문제들이 서로 결합되어 있다.

프로이트는 꼬마 한스의 거세 콤플렉스를 아주 간단하게 설명한다. "여자들은 오줌 누는 곳[5]이 없다는 최근의 깨달음이 그의 자신감을 뒤흔들어 놓고 거세 콤플렉스를 일깨운 것 같다. 바로 이러한 이유 때문에 그는 그러한 깨달음에 저항한 것이고, 그러한 까닭으로 그렇게 깨닫게 해준 말은 아무 치료 효과를 거두지 못한 것이다. 오줌 누는 곳 없는 생물이 정말로 있다고? 만약 그렇다면 사람들이 그의 것도 잘라낸다고 해도 전혀 못 믿을 일은 아니었다." 프로이트의 이 논평에 따르면 꼬마 한스는 자기도 성기 없는 존재가 될지 모른다는, 부성적 존재와 결부된 위협이 실현될지 모른다는 두려움 때문에 진실을 믿기를 거부했다. 꼬마 한스는 남근 없는 피조물을, 여성들을 믿을 수 없었고, 자신의 전능성을 위협하거나 자신감을 뒤흔드는 진실을 손톱만큼도 용납할 수 없었다는 것을 우리는 알 수 있다. 프로이트가 사용한 '피조물'이나 '믿을 수 없는'이라는 표현은 헐크에게도 딱 들어맞는다. 폭발에서 태어난 믿을 수 없는 피조물. 그 폭발은 아버지에 대한 두려움을 더욱 근원적으로 활성화했을 것이다.

이 '인크레더블'(믿을 수 없는)이라는 형용사가 흥미롭다. 물론 길에서 거인을 마주치고 자기 눈으로 보고도 믿기지 않는 상황에서도 이런 말을 할 수 있다. 하지만 이 말은 헐크의 몸에 완전히 밴 감정이기 때문에 그 자신에게도 적용될 수 있다. 이처럼 어떤 생각을 뒤집어 보는 방식을 심리학에서는 '투사'라고 한다. 투사는 자기 생각을 감히 스스로는 고백하지 못하면서 타인에게 전가

5 꼬마 한스가 자기 성기를 지칭할 때 사용한 표현.

하는 무의식적 기제라고 할 수 있다. 내가 억압하고 있기 때문에 나의 일부라고 인정하지 못하는 관념들을 타인의 것으로 보는 것이다. '믿을 수 없는'이라는 형용사에 이 원리를 적용하고 찬찬히 생각해 본다면, 이 단어는 헐크 자신이 믿지 못하는 어떤 면을 나타낸다고 볼 수 있겠다. 폭발이 아니라 폭로에 의해 자기 믿음이 흔들리는 상황에 놓였던 꼬마 한스처럼 말이다. 폭발이든 폭로든, 이 경우에는 심리적 차원에서 동일한 것으로 보아야 한다.

꼬마 한스에게 그랬듯이 두려움은 불안 발작을 촉발하는 요소다. 분노 발작이라고 해도 좋다. 발작이라는 단어를 어떤 생각이 떠오를 때의 공황이 일으키는 결과라고 본다면 말이다.

브루스 배너의 경우, 폭탄 폭발 사고가 그의 거대한 초록색 또 다른 자아alter ego를 느닷없이 탄생시켰다. 하지만 이 사건에는 끝이라는 의미도 있다. 학문 연구에만 전념하고 로스 장군의 딸 베티를 똑바로 보지도 못하던 브루스 배너의 평화롭던 시절은 막을 내린 것이다. 폭탄은 이 평온한 시기를 끝냈다. 이 시기는 아이가 엄마의 치마폭과 가정의 품 안에서만 조르고, 발견하고, 경험을 쌓는 유년의 초기 시절에 해당한다. 아이는 나중에서야 이 최초의 낙원과도 같은 상태로 다시는 돌아갈 수 없음을 깨닫고 이 시절을 그리워하게 될 것이다. 그것은 아이에게 최초의 상실이고, 때때로 아이는 이 상실에 대하여 반항한다.

이 유년의 초기에, 아이는 걱정 근심을 모르고 자기가 뭐든지 할 수 있다고 생각한다. 아이는 위험이나 자기 한계를 생각하지 않고 세상을 발견하고 탐험한다. 자기가 하는 일이 어떤 결과를 일으킬지 신경 쓰지 않고 오로지 호기심에 이끌려 이런저런 경험을 해나간다. 헌신적인 연구자 브루스 배너는 폭탄 개발에 매달린다. 폭탄은 그의 인생을 영원히 바꿔놓을 대상이다. 프로이트는 꼬마 한스에 대해서 이렇게 말했다. "그가 쾌활하고 순진한 상태에서 자신의 탐구를 수행하던 동안에는, 그로부터 파생될 갈등은 생각조차 못한 채 자기 속마음을 거리낌 없이 털어놓았다. 따라서 그의 공포증이 나타나기 이전에 이루어진 관찰들에 대해서는 의심이나 이의를 제기할 구석이 없다." 꼬마 한스처럼, 브루스 배너 본인이 만들어내고 또 그 희생자가 되는 폭탄, 그것이 거세 콤플렉스다.

폭발 사고 이전 장면은 브루스 배너가 실험을 감독하는 장군의 딸 베티 로스에게 끌리고 있음을 보여준다. 그러한 상황 역시 꼬마 한스와 비교해볼 수 있다. 프로이트가 쓴 글에 따르면, 한스의 "사랑은 어머니에게서 다른 대상들[6]로 이전되었다. […] 한스가 여자 친구들에게 품었던 성적 의도, 즉 그 아이들과 함께 자겠다는 생각은 엄마 옆에서 자면서 싹튼 것이었다." 이렇게 한스와 브루스는 어머니에 대한 사랑에서 파생된 성적 욕망을 다른 사람들에 대해서도 발견했는데 마침 바로 그 시기에 폭탄이 터진 것이다. "한스는 아버지와 어머니에 대한 태도로 보건대 […] 아버지를 밀어내고 치워버림으로써 예쁜 엄마와 단둘이 있고 싶고 엄마와 자고 싶은 꼬마 오이디푸스가 분명했다." 프로이트는 이러한 생

6 사랑의 대상들, 즉 다른 사람들이라는 뜻.

각이 퇴행을 계기로, 다시 말해 또래 여자아이들에 대한 성적 지향이 다시 엄마에게로 돌아오면서 탄생했다고 보았다. 그런 생각에 대한 아버지의 처벌이라는 상상적 위협에 따른 폭발적 결과라고나 할까. 아이는 그런 생각과 치열하게 싸운 나머지 "아버지가 계속 없었으면, 죽어 버렸으면 좋겠다는 마음까지 품었다. 아버지의 죽음에 대한 욕망에서 비롯된 두려움은 […] 분석에 가장 큰 장애물이었다." 꼬마 한스와 브루스는 파괴적인 긴장 상태 속에서 저항했다. 그래서 심리적 갈등과 그로 인한 불안을 나타냈던 것이다.

헐크는 이 불안과 저항의 이름이다. 이 이름은 자신을 통제하고 굴복시키는 것에 대한 공포, 이 파괴적인 충동을 느끼는 자기 자신에 대한 분노를 말하지 않는가? "헐크는 화가 날수록 힘이 세진다." 더 이상 아기가 아닌 한스가 아기같이 엄마를 욕망하는 퇴행처럼, 헐크의 이 라이트모티프에는 자기를 삼인칭으로 말하는 퇴행이 있다. 그뿐만 아니라 이 문장은 내면의 심리적 갈등을 해소하기를 거부하는 저항을 나타낸다. 분노는 그 저항의 표현이다. 한스가 말을 보고 공황 발작을 일으키는 것과 마찬가지로—말이라는 동물은 한스에게 전위déplacement에 의해 아버지의 위협을 나타낸다—헐크는 억누를 수 없는 분노 발작에 사로잡히는데, 이 발작은 거세가 자기 위에 떠돈다고 느낄 때 그칠 수 있다. 헐크는 그의 어린애 같은 전능을 중단하려는 위협에 맞서 분노의 잉여로 저항하고, 발작을 일으키고, 스스로 힘을 북돋운다. 요컨대 꼬마 한스가 자기를 부성적 존재와 화해시키려는 분석에 대하여 저항했듯이, 헐크도 저항하는 것이다.

헐크가 처음 등장할 때, 특히 아직 헐크가 회색이었을 때, 그의 변신은 해질 무렵에만 일어났다. 프로이트는 한스가 말을 보고 물릴까 무서워하기 전부터 잠자리에 드는 시간에 최초의 징후들을 드러냈다고 말한다. "우리가 처음 알게 된 것은 불안한 상태의 발현이 일견 보이는 것처럼 급작스럽지는 않았다는 것이다. 며칠 전에도 아이는 악몽을 꾸다가 깨어났다고 한다." 이렇듯 저녁은 모든 아이에게 몽상과 악몽에 좋은 시간이요, 해질녘이면 불안이 깨어난다. 무의식적 욕망과 잠재적 불안이 뒤섞이는 시간.

헐크도, 밤낮을 가리지 않고 불안이 촉발되면 무조건 변신하게 되기 전에는, 하루 중 이때 등장했다. 잠에서 죽음까지, 힙노스에서 타나토스까지는 한 발짝 차이다. 그리고 우리는 거세 불안의 또 다른 표현이 헐크의 가장 최근 아바타에서 나타난다는 것을 보게 될 것이다. 헐크는 이제 그저 '인크레더블' 할 뿐만 아니라—사랑의 대상이나 자기의 일부를 상실하는 것을 받아들일 만한 자신감의 문제를 제기할 뿐 아니라—'이모털immortal'(불멸의)이라는 새로운 형용사를 통해 죽음의 문제까지 제기할 것이다.

거세 불안과 죽음 불안: 이모털 헐크

프로이트는 《억제, 징후, 불안》(1926)에서 "죽음 불안은 거세 불안의 유비적 대리물analogon이다"라고 썼다. 그는 이 문장을 통해 죽음에 대한 두려움이 더 오래된 불안, 더 깊이 파묻혀 있는 무의식적 불안—오래 묵은 거세 불안—의 발현일 뿐이라고 말한 것이다. 억압된 거세 불안은 우리 정신구조의 일부가 계속해서 스스로 뭐든지 할 수 있고 결코 죽지 않는다고 믿을 수 있게 해준다. 사실, 우리는 자신의 죽음을 상상해 보려 할 때도 그 죽음이 일어나는 상황을 관찰하는 자기 모습을 상상할 뿐이다(가령, 자신의 장례식을 상상한다든가). 자신의 죽음을 꿈으로 꾼다면 뭐가 뭔지도 모른 채 금방 깨어나든가 그 상황을 구경하는 입장일 것이다. 다시 말해, 무의식은 자신의 죽음을 표상할 줄 모른다. 이따금 땅거미가 내려앉는 시간에 엄습하는 죽음 불안은 우리 안 가장 깊은 곳에 오랫동안 억압된 거세 불안의 아바타일 뿐이다.

그러므로 가장 최근 버전에서 헐크가 '인크레더블'에서 '이모털'로 넘어간 것은 그리 놀랍지 않다. 우리가 앞에서 보았듯이 헐크는 거세에 저항하는 부분이고, 거세와 죽음은 인간 심리에 비슷한 방식으로 다가오기 때문에 헐크가 심리적 의미에서의 한계, 분리, 사물의 유한성을 믿지 않는 무의식의 이 부분이라면 그가 죽음 자체를 부정할 수밖에 없는 것도 당연하다.

거의 모든 사람이 자신의 신경증 때문에 인정하는 이 거세, 자기 능력의 이 한계를 브루스 배너가 받아들일 경우, 헐크는 브루스 배너의 무너짐에 맞서는 심리의 이 부분을 빼도 박도 못하게 나타낸다. 거세는 자신의 고유한 한계를 통해 세상을 바라보게 하고 유년의 낙원에서 살던 시절을 그리워하고 애도하게 해준다. 여기서 말하는 '낙원'은 최초의 순수를 의미한다. 거세를 알게 되면서부터 그 천국은 무너지지만 그렇다고 지옥이 되는 건 아니다. 단지 자신의 가능성과 한계를 지니고, 평범한 신경증과 죄의식과 의심을 가지고, 공통의 세상을 살 뿐이다.

헐크는 그가 전부 망가뜨려서라도 보존하려 드는 낙원과, 그의 삶을 잠식하는 지옥 사이에서 살아간다. 그는 끊임없이 무너지지 않기 위한 방법을 찾긴 하지만, 빠져나갈 구멍이라곤 없는 길 위에 서 있다. 영화 〈어벤저스 워: 인피니티 워〉(앤서니 루소 · 조 루소 감독, 2018)에는 헐크가 타노스라는 인물로 구체화된 자신의 한계와 대결하는 장면이 딱 한 번 나온다. 여기서 헐크는 공포에 사로잡힌 힘없는 아이처럼 어둠 속에 웅크리고만 있다. 〈인크레더블 헐크〉(케네스 존슨 감독, 1977-1982) 시리즈에서 브루스 배너는 사고 차량을 들어 올리고 아내를 구해내야 하는 상황에서 단지 무력함을 극복하기 위해 헐크로 변신하기도 한다.

거세 불안과 분리불안: 아버지 죽이기

아이에게 제한을 둘 수 있는 존재, 그는 아버지다. 여기서 말하는 아버지는 실제 아버지가 아니라, 양육하는 인물이 아닌 부성적 존재다. 따라서 상징적 아버지는 아이에게 친절하게 "안 돼"라고 말하는 부모다. 우리는 이 위치에 브루스 배너/헐크에게 부성적 존재라고 할 수 있는 두 인물을 둘 수 있다. 낳아준 아버지는 브루스를 학대했고, 무슨 수를 써서라도 헐크를 잡으려 드는 로스 장군은 일종의 박해자 아버지에 해당한다. 더욱이 이 두 부성적 존재는 같은 동전의 앞면과 뒷면처럼 보인다. 두 경우 모두 아버지는 압제적 박해자, 괴물(헐크)에게 위해를 가하려는 존재로 나타난다. 우리는 '괴물을 저지한다'는 발상이 아이에게 한계를 정해주려고 하는 아버지의 기능이라고 말할 수 있겠다. 아버지는 아이가 그러한 한계를 심리 발달에 통합하게 하고, 세상에는 근본적인 법이 있음을, 위반 시에는 처벌을 면할 수 없는 금지가 있음을 일깨운다.

박해자로 경험되는 이 부성적 존재들은 그들이 헐크에게 의미하는 것 그 자체 때문에 거부당하지 않는가? 그들은 아무 제한 없는 삶을, 상징적 거세의 법과 한계에 여느 사람들처럼 굴복하지 않고 살아가려는 헐크를 방해한다. 이처럼 모든 것을 짓누르고 지배하는 전능한 부분은, 브루스 배너가 사라진 때에도 계속 표현될 수 있다. 마치 아이의 불안이 수면 중에 다시 나타나기도 하는 것처럼 말이다. 그럴 때 어두운 부분은 무의식의 문을 통과해 악몽처럼 떠오른다.

다른 한편으로 헐크는, 압제적인 아버지를 죽일 수 없지만 끝없이 그러기를 시도함으로써 마침내 어른이 되는 아이이기도 하다. 그것만으로는 아이가 어른이 되기에 충분치 않지만 어쨌든 그것이 첫걸음일 것이다. 상징적인 아버지 죽이기, 그것은 거세를 넘어 올라서는 것이다. 어엿한 한 사람으로서 자기를 책임지기 시작하는 것이다. 복종하는 아이가 아니라, 자기 안에서 부모의 부분을 인정하고 부모에게서 자신의 일부를 알아볼 수 있되 그 부분에 짓눌리지 않는 주체가 되는 것이다.

거세 불안: 우리 안의 모든 헐크

이 부성적 존재들은 일시적으로 격퇴당하더라도 계속 달아나지만, 모성적 존재는 아이가 구해야 할 어머니로 나타난다. 모성적 존재는, 아버지의 폭력적 행동 때문에 사망했고 브루스가 구할 수 없었던 어머니의 모습을 취하거나, 베티 로스의 모습으로 로스 장군과 함께 오이디푸스적 삼각형을 이룬다. 브루스 배너는 고아와 과부를 구해야 한다는 생각을 하는데 그것은 곧 환상적 차원에서 자기 자신과 자기 어머니를 구한다는 의미이기도 하다.

헐크는 아버지를 죽이고 어머니와 결혼하기 원하는 오이디푸스적 아이다. 이 무의식적 사고가 치러야 할 대가는 끊임없이 부성적 존재에게 박해를 받는 것이다. 부성적 존재는 이 아이를 무력화하고, 파괴하고, 토막 내고, 감금한다. 브루스 배너의 내면에 있는 아이 헐크는 처벌을 받듯 그 모든 가혹행위를 감내한다.

오이디푸스 시기를 통과하는 아이에게 거세 불안은, 아버지가 아이는 어머니의 남자가 되는 상상을 해서는 안 된다고, 어린 아이의 전능을 포기해야만 한다고 알려줄 때 돌아온다. 그래서 이 근본적인 이원성을 마주하는 헐크는 강력한 야만적 힘에도 불구하고 끊임없이 도망간다. 그가 아는 것과 그가 부인하는 것 사이에는 심리적 분열이 있다. 그의 한 부분, 브루스 배너는 거세를 받아들였지만, 다른 부분, 즉 헐크는 거세를 받아들이지 않고 자신이 더 강하다고 생각하고 싶어 한다. 어떤 한계와 부딪힐 때마다 다른 헐크가 태어난다. 헐크는 회색일 수도 있고, 파괴적이고, 죽지 않고, 악마적이다. 각각의 헐크는 오직 하나의 소실점으로 굴절되며, 그가 맞서 싸우는 거세 불안은 모든 인간의 내면에 존재하는 심리적 갈등과 투쟁을 보여준다.

알고 있었나요?

헐크의 미래형 버전, 일명 마에스트로는 핵전쟁으로 파괴된 포스트 아포칼립스 세상의 폭군이다. 슈퍼히어로들은 모두 죽었고, 마에스트로가 그 세상을 철통같이 쥐고 야만적으로 지배한다. 가장 친한 친구 릭 존스는 그에게, 그의 아버지를 보는 것 같다고, 그가 우악스러운 힘으로 권력을 잡은 존재가 되어버렸다고 말한다. 코믹스 《불완전한 미래》(1999)에서 현재의 헐크는 자신의 미래 버전인 마에스트로를 제압한다. 그렇지만 이 승리는 일시적이다. 그가 자기 아버지를 점점 닮아가 트라우마를 반복할 가능성은 결국 여전히 중대한 위협으로 남아 있기 때문이다.

임상적 설명: 박탈, 좌절, 거세

헐크는 이렇게 주체가 박탈, 좌절, 거세라는 최초의 세 심급과 맞서 싸우는 순간들을 보여준다. 각각의 심급은 다른 수준과 연관되어 있다. 아주 어린 아이는 엄마의 가슴이나 젖병을 일시적으로 박탈당한다. 아기는 양육하는 부모와 완전한 융합 상태에 있지 않지만 그러한 현실에도 불구하고 살아가야 하기 때문이다. 아이는 좌절도 직면해야 한다. 좌절에 내성이 없는—마치 글루텐이나 유당에 내성이 없다고 말하듯—아이가 많다고들 하지 않는가. 좌절은 대상을 탐내지만 얻을 수 없을 때 생긴다. 일상의 자질구레한 욕망들이 나이를 먹으면서 점점 커지는 이 욕망들을 메운다. 아이가 상점에서 발작하듯 떼를 쓸 때면 꼬마 헐크가 깨어난다. 이 작은 폭탄이 그 자리에 함께 있는 부모를 곧잘 무너뜨린다. 마지막으로, 앞에서 이미 살펴본 거세는 상징적 수준에서, 다시 말해 동일시의 지표와 기표 들의 수준에서 일어난다. 거세는 어떤 아이들 혹은 어떤 사람들의, 무엇이든 마음먹은 대로 할 수 있다는 생각, 불멸성과 전지전능함의 느낌에 관여한다. 거세는 우리 역시 브루스 배너임을 받아들이는 것이지만, 헐크는 여전히 우리 안에 있고 우리를 구속하는 이 세 심급 중 하나에 반항하며 들고 일어날 준비가 되어 있다. 그리고 무의식은 헐크처럼 우리를 자칭 불멸의 존재로 여기고 죽음을 무시하지만, 그 반대를 기억하는 것 역시 성장의 한 방법이다.

헐크는 박탈, 좌절, 거세, 죽음 불안, 그리고 이러한 불안에 종지부를 찍기 위한 무의식의 투쟁이라는 이 모든 면모의 이름이다. 무의식은 때때로 그 너머까지 나아가고자 하고, 주체는 여기서 만족을 얻는다. 헐크는, 심리치료를 받으면서 결핍, 공포, 죽음과 그에 따른 이별을 앞으로 마주해야 하는 것이 성장이라는 생각을 받아들이지 못하는 자신의 일부를 표현하는 이 초록색 골리앗과 자기를 동일시하는 아이들이다. 그 아이들에게 평온을 찾아주기 위해 그들 안의 이 헐크를 공략하는 것은, 그들이 분노의 진짜 동기를 은폐하기 위해 다른 불평거리를 찾는 일을 멈추게끔 돕는 방법일 수 있다. 성장은 어렵고 때로는 고통스럽다는 것을, 그렇지만 자기 한계와 결함을 받아들이면서 세상을 대면하고 그로써 성공의 수단을 만들 필요가 있다는 것을 깨닫게 하라는 말이다.

두려움을 모르는 인간들:
진짜 슈퍼히어로와 슈퍼포비아

박쥐인간 배트맨의 경우

불안은 인간이라는 존재의 중심에 있다. 불안을 다루는 방식이 그 사람을 특징짓고 그 사람의 신경증을 특징짓는다. 물론 뚜렷한 이유 없이 종종 불안하다고 말하는 사람들은 많다. 그 이유는 불안이 몸에 비치는 그림자처럼 나타났다가 사라졌다가 하기 때문이다. 실제로, 불안은 숨이 막히는 느낌이나 복통 등으로 몸을 통해 표명될 때가 많다. 프로이트는 〈불안〉(《정신분석 강의》, 1916-1917)에서 모든 사람이 "일생에 적어도 한 번은" 그런 불안을 느낀다고 말했다. 그리고 《억제, 징후, 불안》에서는 불안이 대상을 찾으면 '공포'가 된다고 했다. 불안과 공포 사이에는 단순한 현상이 있는 것이다. 불안이 어떤 대상을 움켜잡으면 공포가 된다. 공포는 어떤 의미에서 위장된 불안이다.

'공포대항contraphobique' 대상, 다시 말해 공포증과 맞설 수 있게 해주는 대상은 공포에 사로잡힌 주체를 언제 들고일어날지 모르는 모든 불안으로부터 보호하지만 무의식적으로 주체가 싫어하는 부모를 표상한다. 그 부모가 상징적으로 곁에 있다는 것이 주체로서는 자신이 그를 죽이지 않았다는 증거가 되기 때문이다. 이로써 우리는 총기에 대한 배트맨의 반감을, 금지를 넘어서서 이해할 수 있다. 그의 부모는 총기 살해를 당했다. 그러므로 총을 든다는 것은 잠재적으로 자신이 부모를 살해한 장본인일 수도 있었음을 인정하는 셈이다. 몇몇 예외적 상황이 있긴 하지만 이 반감은 불안이 고정된 공포의 대상을 드러낸다. 배트맨은 그 순간을 자꾸 떠올리는 외상 후 스트레스 장애를 넘어 자신을 만들고 끊임없이 재구성해 왔다. 그 트라우마를, 간단히 말하자면 그 공포를 극복하기 위해서. 그래서 이를테면 자신의 그림자만 보고도 고담시의 범죄자들이 공포에 벌벌 떨기를 바란다.

그런데 공포증은 어떻게 특징지어지는가? 공포증은 불안을 막연하게 마주하지 않기 위해 그 감정을 어떤 사물이나 상황에 얹은 것이다. 불안을 특정 대상에 집약시키면 부분적으로는 해소되는 효과가 있다. 그 대상이 나타날 때만 불안이 촉발된다면 어느 정도 알아서 피할 수 있기 때문이다. 따라서 어떻게 보면 경제적인 해결 방법이다.

여기서 말하는 불안은 거세 불안, 다시 말해 자신의 무력함과 결함과 불완전함에 대한 불안이다. 이 불안은 주체를 불편하게 하기에 충분하므로, 주체는 그것을 배터랭[7]처럼 멀리 날려 보내려 한다. 바로 이런 이유로, 어떤 때는 공포증이 정면으로 되돌아온다. 공포증은 이렇게 봤을 때 통제력을 잃고 걷잡을 수 없는 불안을 직면하게 할 수도 있는 대상에 대한 공포다. 모든 것을, 특히 자신의 감정과 환경을, 언제나 절대적으로 통제하려는 배트맨의 안티테제라고나 할까. 그래서 공포대항 대상은 우리가 어둠 속을 헤치고 나아가도록 도와준다.

공포대항 대상은 앞에서 보았듯이 불안을 자아내는 특성을

---

7 배트맨이 사용하는 표창 형태의 발사 무기.

무력화하는데, 어떤 면에서는 불안을 돌려보낸다고 할 수 있다. 이게 방패나 아머보다 낫다. 하지만 이 초능력이 어떻게 작용하는지 살펴보자.

공포대항 대상은 우발적으로 선택되는 것이 아니다. 그것은 공포증의 해롭고 불안을 유발하는 효과를 막아주는 일종의 토템이다. 으레 무의식에 대하여 상징적 의미가 있고, 특히 남근적 역능으로 주체를 안심시키는 면이 있다. 그것은 사람일 수도 있고 사물일 수도 있다. 공포대항 대상을 실마리 삼아 다크나이트가 마치 영웅의 주문처럼 수시로 내뱉는 이 문장을 살펴보자. "나는 배트맨이다." 달리 말하자면 이렇다. "나는 나의 공포와 결부된 대상으로 변장하고 나타남으로써 나의 적들에게 공포를 불러일으키는 인간이다."

배트맨의 기원 이야기는 공포증 특유의 기제를 아주 잘 기술한다. 부모의 갑작스러운 죽음과 연결된 불안은 박쥐 공포로 전위되었다. 어린 브루스 웨인은 살해당하는 부모를 보면서 아무것도 할 수 없었고 그 장면은 그에게 트라우마를 남겼다. 그는 자신의 무력감을 절실하게 느낀 또 다른 장면, 즉 박쥐들이 우글대는 동굴에 떨어졌을 때의 일을 떠올린다. 나중에야 그 기억이 의미를 띠게 된 것이다. 이 때문에 그 기억은 배트맨의 탄생에서 반복적으로 등장하는 요소가 된다. 공포증의 원리는 불안을 어떤 대상에 고정함으로써 거리를 유지하는 것이다. 거미공포증은 그 전형적인 예다. 어린 브루스 웨인의 무력감, 거세 불안은 박쥐에 응축되었는데 바로 그 박쥐가 코스튬과 이름으로 상징되어 이제 공포대항 대상 역할을 한다. 브루스 웨인은 그 대상처럼 차려입고 그 대상으로 변신함으로써 자신의 공포를 제압하고 이제 타인에게 공포의 화신이 된다. 그는 이 역전을 통하여 이론의 여지 없는 남근적 역능을 확보한다.

그래서 총기에 대한 공포 어린 반감에 결부되는 것은 그의 전신을 감싸는 배트슈트, 즉 공포대항 대상이다. 앞에서도 말했듯이 몸은 불안의 장소이기 때문이다. 박쥐는 아버지의 역능을—동굴에 떨어진 어린 브루스 웨인을 구해준 사람은 아버지였다—이 상징과 연결함으로써 그를 보호한다. 배트맨의 총기 혐오와 박쥐라는 상징의 연결성이 더욱 잘 드러나는 귀중한 디테일이 있다. 배트맨 기념판(《디텍티브 코믹스 #1000》, 2019)에는 그의 배트슈트 가슴받이 안쪽에 방탄 금속판이 고정되어 있는 것으로 나온다. 그런데 이 금속판은 부모가 살해당할 때 흉기로 쓰였던 총으로 배트맨이 만든 것이다. 탁월한 공포대항 대상, 천하무적의 보호 장치가 공포의 상징 이면에 숨겨진 셈이다.

알고 있었나요?

배트맨은 자기 부모를 죽인 총을 녹여서 가슴의 상징 안쪽 방탄막을 만들었다. 게다가 부모의 총기 살해 장면을 목격한 후로 절대 총을 쓰지 않는다. 그렇지만 이 원칙에 몇 가지 예외가 있었다. 가령, 배트맨 초기 작품 중 하나인 《배트맨: 이어 투》에는 리볼버 권총을 쏘는 장면이 있다. 또한 배트맨의 미래파 버전 《다크나이트 리턴즈》에서도 상황에 따라 장거리 소총을 쓴다.

두려움 없는 자 데어데블의 경우

맷 머독, 일명 데어데블은 두려움 없는 자다. 이 타이틀은 그의 모든 모험을 의미하는 동시에 그의 이야기에 주문처럼 따라다닌다. 두려움 없는 자는 낮에는 변호사로 일하고, 밤에는 붉은색 악마 코스튬을 입고 영웅이 된다. 친구들에게 놀림을 당하던 내성적인 아이 맷 머독은 어느 날 유독물질을 운반하는 트럭에 치일 뻔한 노인을 구해준다. 그런데 이 유독물질이 도로에 쏟아지면서 그의 눈에도 들어간다. 맷 머독은 이 사고로 시력을 잃지만 그 대신 다른 감각이 초인적으로 발달한다(박쥐처럼 초음파로 위치를 파악할 수 있는 '레이더 감각'까지 갖게 된다).

그렇다면 '두려움 없는 자' 맷 머독은 무엇에 공포를 느낄까? 데어데블Daredevil이라는 이름을 문자 그대로 해석하면 '악마에게 도전하는 자'다. 맷 머독은 자기를 괴롭히고 함부로 대하던 또래 아이들이 붙여준 이 반어적 별명을 자기 이름으로 삼는다. 아이들은 비열하게도 공부 머리가 뛰어났던 그를 무모한 사람이라고 놀려먹었다. 맷 머독은 이 별명을 기치 삼아 그 본래의 의미대로, 다시 말해 그가 이제 아무것도, 그 누구도 두려워하지 않는다는 뜻으로 사용한다. 아이들은 곧잘 "하나도 안 무서워!"라고 말한다. 공포증이 불안을 어느 한 대상에 고정하는 심리 기제라는 점을 다시 한번 기억하자. 그러면 그 대상만 두려워하면 되기 때문에, 그로써 더 깊은 다른 불안을 막을 수 있기 때문에. 이처럼 공포증의 대상은 진정한 불안의 차단막 기능을 하므로 일종의 방화선으로 쓰인다. 이 사실이 데어데블 같은 곡예사에게 이중의 의미를 띠지 않을 리 없다.

5번가만큼 길고 긴 공포증들의 목록에서 맹인 슈퍼히어로 데어데블에게 적용될 수 있을 법한 공포증을 하나 살펴보자. 포보포비아phobophobia(공포에 대한 공포증). 공포를 모르는 사람 아니냐고? 우리는 이 공포증이 데어데블에게 깊이 배어 있음을 보게 될 것이다.

공포에 대한 공포증은 점점 더 깊이 빠질 수밖에 없는 악순환을 만든다. 가장 명백한 징후는 도피, 특히 앞으로 나아가는 도피다. 이 공포 너머에서 작용하는 것을 보지 않기 위해 앞으로 치고 나가는 것이다. 공포, 그리고 그 공포가 감추는 더 깊은 불안을 피한다는 것은 자기 자신을 피하는 것, 다시는 자기 안에 침잠해서 고립되고 우울하게 살지 않는 것이다. 공포는 위험 신호다. "두려움 없는 자"에게 두려움은 일종의 공포증처럼 현저하게 부풀어 올라 있다.

이 위험 신호는 '레이더 감각'의 등가물이다. 주위의 모든 것을 민감하게 알아차릴 수 있게 해주는 레이더 감각은 그의 실명에 대한 보상에 해당한다. 그의 지각 능력은 보통 사람보다 훨씬 뛰어나다. 그는 눈이 보이지 않기 때문에 불안을 일으키는 대상을 바라보는 것을 피할 수 있다. 실명이 그를 심판자로 만들었던 이유는 그가 공포에 대하여 눈이 멀었기 때문이다. 그렇다면 데어데블의 특징적인 공포는 무엇이려나?

공포증이 크게 두 부류로 나뉜다는 점을 기억하자. 대상에 대한 공포와 상황에 대한 공포가 그것이다. 전자는 배트맨에게 좀 더 상응한다. 데어데블은 자주 허공에 몸을 내던진다. 문자 그대로의 의미로 빌딩 꼭대기에서 뛰어내리기도 하고, 비유적인 의미로 다른 사람을 구하기 위해 자신의 목숨과 정신건강을 나 몰라라 하기도 한다. 그가 때때로 심리적 붕괴를 가까스로 피하듯이 그의 지팡이 빌리클럽이 추락하는 그를 '간발의 차로' 붙잡아주곤 한다. 광장공포증이나 폐쇄공포증처럼 상황과 이동에 대한 공포는 더욱 흥미로운 실마리가 된다. 사실, 데어데블은 두려움 없이 곡예를 펼치는, 움직임과 이동이 특히 뛰어난 슈퍼히어로다. 그가 특별히 편안해하는 요소와 관련 있는 공포증이 그에게 해당된다고 하면 놀랍겠지만, 원래 공포와 반대되는 것으로의 방향 전환이 공포증의 전형적 기제다.

가령, 무의식적인 부친살해 욕망은 그 욕망에 위협당하는 기분으로 변한다. 이 원칙을 여기에 적용한다면 장소공포증, 즉 시력을 앗아간 사고 현장에 대한 공포는 맷 머독에게서 목숨 걸기 놀이로 변한 것이다. 그는 자신의 정신구조 안에서 이 공포, 추락에 대한 공포에 눈먼 자가 되었다.

사실, 맷 머독의 삶은 심리적 붕괴로 점철되어 있다. 그중 가장 유명한 예는 스토리 아크[8] 〈본 어게인〉인데, 여기서 맷 머독은 친구, 직장, 커리어, 비밀 정체까지 전부 잃고 우울증에 빠진다. 신체적·심리적 실명은 맷 머독의 방어기제를 이룬다. 두려움 없는

8 [옮긴이 주] 소설, 만화, 영화, 게임, 에피소드식 텔레비전 프로그램 등의 줄거리를 시간 순으로 개괄한 것.

자는 사실 자기 두려움의 대상을 보는 두려움이 없는 자다. 말 그대로, 눈이 멀었기 때문에 보지 못한다. 그는 자신의 진정한 공포를 몰아내기 위해 위험을 불사하고 신체와 정신을 허공으로 내던진다.

신출귀몰하게 몸을 쓰는 데어데블의 심리적 곡예는 신경증의 전형적 기제인 분열과 맞닿아 있다. 그의 심리는 두 부분으로 나뉘어 있다. 한 부분이 어떤 것을 생각하면 다른 부분은 그것으로부터 자신을 보호한다. 이렇듯 맷 머독은 맹인 변호사인 동시에, 트라우마를 남긴 사고 덕분에 감각이 초인적으로 발달한 정의의 심판자 데어데블이다. 트라우마가 있는 인물들이 으레 그렇듯 맷 머독은 자기를 둘러싼 환경에 과민하고 과도한 각성 상태에 있다. 그의 새로운 심리적 특성은 은유에 의해 지나치게 발달한 감각이 되었다. 그러한 감각은 처음에는 마치 외상 후 장애의 징후처럼 견디기 힘들지만 〈두려움 없는 자〉(《데어데블, 두려움 없는 자》, 1권, 1993)에서 감각의 방향을 트는 법을 가르쳐주는 스승을 만나면서 길들일 수 있게 된다.

배트맨과 데어데블: 공포를 상대하는 동일한 싸움?

데어데블과 배트맨의 차이는 다음과 같이 살펴볼 수 있다. 배트맨의 경우는 공포증이 다른 특성들로의 변이를 나타내면서 심리를 구조화한 것처럼 보인다. 데어데블의 경우는 공포증이 그를 추락으로부터 보호하는 방어기제다. 방어기제가 무너지면 추락은 어김없이 일어난다.

프로이트는 《억제, 징후, 불안》에서 불안은 정동affect 신호 그 이상이라고 했다. 정동 신호는 데어데블의 레이더 감각이나 배트맨의 출동 신호인 배트시그널만큼 일상에서 중요한 부분을 차지한다. 게다가 영화 〈더 배트맨〉(맷 리브스 감독, 2022) 예고편은 아주 분명하게 말한다. "그건 그냥 신호가 아니라 경고다it's not just a signal, it's a warning." 이 문장은 코믹스(《배트맨: 어스 원》, 2012-2021)에서 따온 것으로 분명히 범죄자들에게 하는 말이지만, 배트맨의 공포증이 투사함으로써 위장하고 도구화한 불안과 관련된 무의식적 이면을 나타낸다. 하지만 프로이트는 불안이 상실, 최초의 분리에 대한 반응이라고 했다. 불안은 이런 면에서 정동 신호다. 불안은 상실이 일어났던 자리를 나타낸다. 그리고 상실의 장소는 욕망이 원동력이 되게 하는 것이다. 결코 완전히 다다르지 않음으로써 그 상실을 채우고자 하는 욕망 말이다. 그래서 슈퍼히어로들은 쉬지 않고 움직인다. 배트맨과 데어데블 모두 슈퍼히어로로서의 커리어 중심에 상실과 분리가 있다.

배트맨에게는 부모의 죽음이, 데어데블에게는 실명과 그 직후 일어난 아버지의 죽음이 트라우마를 남기는 상실이었다. 공포와 특별한 관계를 맺은 두 사람 모두에게 상실은—그리고 그에 따른 죽음 불안도!—정신구조의 중심에 있다. 프로이트는 죽음 불안이 "거세 불안의 유비적 대리물"이라고 했다. 다시 말해 죽음 불안과 거세 불안은 서로를 비춘다. 그 둘 사이의 유비 관계가 무의식적으로 작동하고 한쪽을 대비하면 다른 쪽도 막는 셈이 된다.

'공포증phobia'이라는 단어가 어원적으로 '도피'를 뜻하는

'phobos'에서 왔다는 점도 이 두 슈퍼히어로에게는 의미심장하다. 그들이 모든 상황을 피하기 때문이 아니라 마치 죽음은 자기와 상관없는 일이라는 듯 도주선ligne de fuite을 그리기 때문이다. 죽음 불안으로부터 자기를 지키기 위해 어떤 대상이나 공간적 요소에 공포를 고정하고 그다음에 방어 전략을 찾는 공포증은 피할 수 없는 요소를 이룬다. 배트맨과 데어데블은 진정한 심리곡예사들이다.

그들의 공포증은 트라우마의 기원, 그리고 그 직접적 결과인 불안이 자리 잡은 것을 보여준다. 그 기원이 브루스 웨인에게는 부모의 상실과 고독이었고 맷 머독에게는 시력과 아버지의 상실, 자기에게 주어진 불안이었다. 배트맨은 고독에 맞서기 위해 공포 대항 전략들과 함께 배트맨 병기들을 개발한다. 또한 유사 가족을 이루어 로빈과 배트걸처럼 자신을 따라 범죄와 싸우는 이들의 정신적 아버지(양아버지)가 된다. 한편, 데어데블은 불안에 맞서기 위해 악을 막는 수단이 된 초인적 감각에 의지해 헬스키친('지옥의 주방'이라는 뜻으로 데어데블의 활동 지역)의 자경단이 된다. 지옥의 거주자인 그는 복수의 악마로서 지팡이, 감각, 주위에 매달린다. 공포증의 핵심은 두 슈퍼히어로에게 공통적으로 남아 있다. 이성, 여성성에 어떻게 다가갈 것인가?

공포증은 불안으로부터 보호하지만 욕망의 표현도 막는다. 배트맨과 데어데블은, 이따금 정반대의 모습을 보이기도 하지만, 대체로 금욕적인 모습을 보인다. 겉으로 내세우는 익살도 마찬가지로 욕망을 무력화하는 효과가 있다. 그리고 둘 다 모성의 결핍 문제가 상당하다. 결과적으로, 이성과의 만남은 항상 어려운 것이 되고 만다. 한쪽은 끊임없이 지붕 위를 누비고 다니고 다른 쪽은 비극적 결말들을 전전한다.

공포증과 그것이 수립한 방어기제는 많은 것을 지켜주고 슈퍼히어로의 커리어에서 강력한 무기가 되어주지만, 한 가지 문제를 공백으로 남긴다. 그건 바로 성적인 것의 갑작스러운 출현이다. 슈퍼히어로들조차, 특히 배트맨과 데어데블은, 그러한 기회들을 잡지 못한다. 그들은 관계를, 욕망을 결실에 이르게 하지 못한다. 그들은 계단을 헛디디듯이 이성과의 만남을 놓치고 여성들이 그들을 구하러 오기만 기다린다. 그런 점에서 그들은 대단히 인간적인 면을 잘 보여준다. 슈트와 가면을 장착한 슈퍼히어로들에게도 만남은, 성적이고 정서적인 것의 출현은 결코 당연하지 않다.

알고 있었나요?

배트맨과 데어데블의 기원 이야기들이 같은 작가의 손에서 탄생한 적이 있다. 프랭크 밀러는 이 영웅들의 데뷔를 《배트맨: 이어 원》과 《데어데블 1권: 두려움 없는 자》에서 이야기했다. 《배트맨: 이어 원》의 작화가 데이비드 마주켈리는 역시 프랭크 밀러가 대본을 쓴 《데어데블 2권: 르네상스》의 작화도 맡아 두려움 없는 자의 새로운 토대를 구축했다. 데어데블이 모든 것을 잃고 다시 살아난 후 우울증을 앓는 모습을 그려낸 이 작품은 헬스키친의 히어로의 심리적 원동력을 잘 보여준다.

스파이더맨: 강박신경증 환자의 이상적 그물

집착적 생각과 끊임없는 의심이 특징적인 강박신경증을 구현한 슈퍼히어로가 있다면 그건 바로 거미줄을 짜는 자 스파이더맨이다. 그의 탄생에서부터 몇 번이고 반복되는 "큰 힘에는 큰 책임이 따른다"라는 좌우명까지, 스파이더맨이라는 이름은 그에게 아주 이상적으로 들어맞는다. 자기 원칙에 충실한 강박신경증 환자처럼, 그 역시 자신의 거미줄에 걸려 있기 때문이다.

거미줄은 그의 신경증이다. 실 한 가닥은 그가 자기 자신에게 제기하는 질문이다. 그 질문은 다음과 같이 요약될 수 있다. "그런데 타자는 내게 무엇을 원하는가?" 여기서 말하는 타자는 대문자 A로 쓰는 대타자다. 그것은 정체가 확실치 않은 타자다. 그것은 운명, 공공의 알 수 없는 대타자, 모든 익명들이다. 모든 것을 보는 눈이 거미인간의 일거수일투족을 판단할 것이다.

강박신경증에서 주체는 본의 아니게 기대에 미치지 못하고 실망시키는 느낌, 스스로 정당하지 못한 느낌에 시달린다. 그래서 그렇지 않아 보이게 하는 술책들을 찾는다. 그는 수많은 적대적 존재로 나타나는 이 대타자에게 저항하고 버틸 방법들을 찾는다. 그렇지만 강박증은 편집증과 다르다. 편집증(망상장애) 환자는 누가 나를 잘못되게 하려고 한다고 확신하지만, 강박증 환자는 끊임없이 자기를 의심하고 신에게—신을 믿는다면 말이지만—잘하고 있는가를 생각한다.

스파이더맨은 팔자가 지독히도 나쁜 것 같은 때—벤 삼촌의 죽음, 그웬 스테이시의 죽음, 스테이시 서장의 죽음, 가장 친한 친구 해리 오스본의 죽음—운명에게, 자신의 죄의식에게, 그를 가학적으로 괴롭히는 듯한 대타자에게 호소한다. 당시에는 '속박신경증'으로 지칭되었던 이 신경증에 대해서 프로이트가 《억제, 징후, 불안》에서 말한 바는 매우 의미심장하다. "초자아는 마치 억압이라고는 없었던 것처럼, 공격적 발의의 정확한 함량을 아는 것처럼 행동한다. [...] [그리고 초자아는] 이 전제에 근거하여 자아를 다룬다. 자아는 자기가 잘못하지 않았다는 것을 알면서도 스스로 설명할 수 없는 죄책감을 느끼지 않을 수 없다." 이렇듯 강박신경증은 자기가 느끼는 공격적 발의를 속죄하기 위해서 끊임없이 근원적 잘못을, 자신이 지은 죄를 고백하고 싶은 욕구에 시달린다.

프로이트는 이어서 강박신경증에서 가장 우선시되는 두 가지 징후 중에 '취소annulation'(영어로는 undoing), 즉 '부정의 마법'은 어떤 사건의 결과가 아니라 본래 의미에서의 사건 자체를 '날려 보내는' 것이라고 덧붙인다. 우리는 스토리 아크 《원 모어 데이》를 여기에 비추어 읽을 수 있다. 여기서 메피스토는 스파이더맨과 계약을 맺고 피터 파커와 메리 제인 왓슨의 결혼을 없던 일로 만든다. 마치 마법처럼, 이미 일어난 일을 소급적으로 취소한 것이다. 이것은 스파이더맨의 징후가 악마의 모습으로 나타난 것이다. 사건의 취소는 여기서 명시적이고 각별하게 두드러진다.

스파이더맨은 이런 일을 처음 겪는 것이 아니다. 〈클론 사가〉 에피소드에서도 피터 파커로서의 그가 취소되고 그의 정체성이 다른 사람에게—진짜 피터 파커임을 주장하는 그의 클론에게—넘어갈 뻔하지 않았는가? 피터 파커는 결국 원본으로 복귀하고 타자는 클론임이 확인되지만 이야기는 자칫 어찌 될지 알 수 없을 만큼 아슬아슬하게 흘러간다.

프로이트는, 소급적 취소에서는 "두 번째 행위가 첫 번째 행위를 아무 일도 없었던 것처럼 취소하지만 현실에서는 그 두 행위 모두 엄연히 일어난 것이다"라고 말한다. 이렇듯 강박신경증 환자에게는 마법적 사고가 있다. 주체는 과거에 일어난 사건을 비이성적 방식으로 없애려 한다. 게다가 강박신경증에서는 "우리의 소원에 따라 일어났어야 했을 방식대로 일어나지 않았던 일은 반복에 의해 다른 방식으로 취소된다." 혹시 프로이트가 《원 모어 데이》와 그 속편 《서약을 갱신하라Renew Your Vows》의 대본을 쓴 게 아닌가 싶을 정도다. 속편이 그리는 평행세계에서는 피터 파커와 메리 제인의 결혼이 취소되지 않았을 뿐 아니라 애니라는 딸까지 태어났다. 이렇게 처리된 스토리들은 스파이더맨의 근본적 징후를 각기 나름의 방식으로 이야기한다. 스파이더맨의 멀티버스는 끝이 없다. 다시 말해, 다른 차원들에서 나타나는 스파이더맨의 모든 잠재적 버전은 강박신경증 환자가 실현하고자 하는 것과 맞닿아 있다. 그는 구속적 선택을 요구하는 거세를 피하기 위해 자신에게 열려 있는 모든 가능성을 실현하고자 한다. 그래서 스파이더버스Spiderverse와 스파이더맨의 모든 아바타는 강박적 환상의 마법적 표현이다. 선택하지 않아도 되고, 의심하지 않아도 된다. 그 환상에서는 모든 가능성들이 공존하니까.

알고 있었나요?

평행우주에는 스파이더맨의 다른 버전들이 존재한다. 그들 모두가 벤 삼촌의 죽음을 겪은 것은 아니다. 그렇지만 그들 모두가 소중한 존재의 상실을 경험한 것은 맞는다. 스파이더맨의 '얼티밋' 버전인 마일스 모랄레스는 삼촌 프라울러를 잃었다. 스파이더그웬은 그웬 스테이시가 거미의 초능력을 얻게 되는 세계의 등장인물이다. 이 세계에서는 그녀의 약혼자 피터 파커가 죽는다. 심지어 《스파이더겟돈》에는… 스탠 리의 모습과 특징을 지닌 스파이더맨도 등장한다. 스파이더맨의 아버지를 추모하는 뜻에서 바치는 오마주로서 말이다.

슈퍼히스테로이크!

히스테리는 공포증, 강박증과 함께 신경증의 범주에 들어간다. 일상에서 이 단어가 나오면 우리의 머릿속에는 두 개의 이미지가 떠오른다. 하나는 거리에서, 중요한 시합이 있을 때, 공연장에서 볼 수 있는 집단 히스테리 이미지다. 다른 하나는 히스테리 발작 상태에서 남들이 보거나 말거나 과장되고 극적인 모습을 보이는 사람의 이미지다. 이처럼 '히스테리'라는 단어는 정신분석학의 영역에 국한되지 않고, 이 딱지가 붙은 주체들에게 대체로 그리 달갑지 않은 개인적 혹은 집단적 이미지들과 결부된다. 그 이유는 히스테리가 대개 자기가 그렇게 규정한 것이라기보다는 외부의 비난에 가깝기 때문이다. 그래서 당사자는 이 단어가 달갑지 않고 오히려 그렇지 않다는 방어적 반응을 보이게 마련이다.

하지만 역사적 뿌리를 살펴보자면 '히스테리'는 정신분석학에서 신경증적 심리 작용의 한 유형을 지칭한다. 히스테리는 신경증처럼 오이디푸스 콤플렉스의 불완전한 통과가 갖는 하나의 이름이고, 우리는 모두 정도의 차이가 있을 뿐 신경증이 있기 때문에 히스테리는, 이 말의 부정적 함의를 차치하고 본다면, 우리에게 친숙하다. 그리고 슈퍼히어로들은 이 주제에 대해서 우리에게 시사하는 바가 있다.

프로이트는 《히스테리 연구》(1895)에서 대부분의 히스테리 징후들의 원인은 '정신적 트라우마'로 볼 만하다고 했다. 그 충격의 기억이 정신구조 속에서 흡사 이물질처럼 작용하는 것이다. 발작이 일어날 때 "히스테리 환자가 괴로워하는 것은 레미니상스 réminiscences[9]다." 이것이 그 유명한 히스테리 발작이다. 징후 속에 어떤 레미니상스가 웅크리고 있다. 그것은 슈퍼빌런처럼 억압되어 무의식에 갇힌 채 거기서 음험하게 작용한다. 프로이트는 이 트라우마의 원인이 불쾌한 느낌을 남긴 어릴 때의 성 경험이라고 보았다. 그리고 그 경험의 주체는 남자아이일 수도 있고 여자아이일 수도 있다. 이 상세한 부연 설명은, 마치 슈퍼히어로라고 하면 자동으로 몸에 딱 붙는 슈트를 떠올리듯 히스테리를 여성의 전유물로만 보는 변함없는 시각에서 우리를 구해준다. 히스테리는 남

9 [옮긴이 주] 의지와 무관하게 떠오르는 막연하고 무의식적인 기억을 말한다.

성성과 여성성 모두와 연관된다. 슈퍼히어로들은 남성도 얼마든지 히스테리의 예시가 될 수 있음을 보여준다. 히스테리가 있는 여성들을 두고 흔히 하는 말, 다시 말해 변덕이 심하다느니 욕구불만이라느니 하는 말은 통하지 않는다. 강박증이 있는 남성들이 지겨울 정도로 이성적이라는 말을 걸러 들어야 하는 것과 마찬가지다. 만약 슈퍼히어로들이 모두 히스테리가 있다고 한다면? 그래서 다음과 같은 신조어를 야유 비슷하게 쓸 수 있을 정도라면? 그들은 전부 슈퍼히스테로이크[10]라고 말이다!

히스테리 환자가 레미니상스를 고통스러워하고 이 레미니상스는 트라우마를 남긴 사건에서 비롯된다는 생각에서 출발해보자. (아직은 아니지만 장차 그렇게 될) 슈퍼히어로는 그런 사건을 감당할 준비가 되어 있지 않았다. 그는 그때부터 히스테리에 해당하는 성향들을 모조리 띠게 된다. 더욱이 히스테리는 신체, 그리고 결여와 관련이 있다. 신체는 징후가 표현되는 각별한 장소이고, 결여는 욕망으로 표명되고자 하는 요구의 표현이다. 히스테리는 끊임없이 불발되는 요구를 대타자에게 호소하는 욕망으로 변화시키는 것이다. 그리고 다른 한편으로는, 그 욕망을 앞세워 대타자가 거기에 의미를 부여하게 하는 것이다. 대의를 위해 몸을 내던지는 것은 신체를 성취 욕망의 각별한 표현 장소로 삼는 것이기 때문에, 이 두 측면을 완벽하게 결합한다. 신체적 표현과 결여를 유지한 채 전체를 완성하는 끝없는 욕망. 이것이 슈퍼히어로의

10 [옮긴이 주] 히스테리hyterie와 슈퍼히어로적super-héroïque을 합쳐서 만든 말.

이미지요, 그의 신체에 대한 히스테릭한 입장이다. 신체는 그의 임무만큼이나 끝이 없는 충동과 징후의 근거지다.

실제로 슈퍼히어로들은 자신의 임무가 결코 완수되지 않게 하려는 것처럼 보인다. 데어데블은 헬스키친을 결코 완전히 구하지 못했고, 배트맨은 고담시를 부패와 슈퍼빌런들에게서 구하지 못한다. 그 빌런들은 다양한 모양새를 띠고, 무의식에서 회귀적으로 튀어나오는 징후들처럼, 쉴 새 없이 등장한다. 마찬가지로, 스파이더맨은 대타자를 상징하는 벤 삼촌을 결코 구하지 못한다. 가까운 다른 사람들도 그의 완전한 신경증적 무력함 속에서 죽어가기 때문에 불만족은 점점 커질 것이다. 슈퍼맨은 인류를 더 나은 길로 인도하려 애쓰지만 그 역시 불만족에 이를 수밖에 없는 도정에 서 있기는 마찬가지다. 그가 걸어가는 길은 대타자의 욕망에서 비롯된 면이 더 크다. 여전히 어떤 상징적 존재가 슈퍼히어로의 정신구조 속에 자신의 욕망을 접붙이고 있다. 대타자는, 히스테리 환자에게서와 마찬가지로, 대개 아버지다. 이 아버지가 미래의 슈퍼히어로에게 자신의 욕망을 명한다.

조-엘이 아들 칼-엘에게 문명화의 임무를 맡겼듯이, 토머스 웨인은 박쥐의 모습을 통해서 범죄와의 전쟁이라는 발상을 브루스 웨인에게 일깨운다. 잭 머독은 아들 맷 머독에게 주먹 따위는 쓰지 않고 정의가 지배하게 하는 좋은 사람이 되라고 말한다. 벤 삼촌은 피터 파커에게 큰 힘에는 큰 책임이 따른다는 깨달음을 주는 사람이다. 이처럼 슈퍼히어로들의 욕망은 대타자의 욕망 속에, 그리고 무엇보다 중요하게는, 대타자의 결여 속에 자리 잡는다.

그 이유는 이 권위 있는—그리고 부성적인—존재들이 모두 실패했기 때문이다. 조-엘은 크립톤의 폭발을 끝내 막지 못했고, 토머스 웨인은 자기 도시의 범죄에서 아내를 구하지 못했으며, 잭 머독은 아이 엄마가 세상을 떠난 후 아들이 교육을 잘 마치는 것까지 보지 못했고, 벤 삼촌은 고아가 된 조카를 입양해 자기 아들로 키우기로 했지만 피터와 메이 숙모를 재정적 어려움에 남긴 채 먼저 세상을 뜬다.

슈퍼맨, 배트맨, 데어데블, 스파이더맨, 그 밖의 아이콘적인 슈퍼히어로들의 욕망은 결여를 유지하면서 타자를 채우고자 하는 욕망 속에 있다. 정신분석이 갈피를 잡은 바로는, 히스테리 환자에게는 생물학적 몸과 충동적 몸의 만남이 언어와 결부된 요소, 다시 말해 기표를 통해서 이루어진다는 문제가 있다. 그래서 히스테리의 징후는 해독해야 할 상형문자, 은유적 의미를 통해서 말하는 메시지처럼 그 징후가 기생하는 몸에 쓰여 있다. 슈퍼히어로 코스튬이 나타내는 것이 정확히 무엇인가? 몸에 드러난 기표—S자, 박쥐, 두 개의 D자, 거미—는 결여의 흔적을 나타내는 걸까? 슈퍼히어로는 저마다 대타자의 실패의 표지를 자기 몸에 달고 다닌다. 그 표지가 그들의 삶에 의미를 보장해 주었다. 추락하기 전까지는 말이다. 그들의 트라우마(행성의 폭발, 박쥐 동굴로의 추락, 교통사고, 유전자조작 거미에게 물리는 사고)는 되살아났고, 그들은 어떤 표현을 징후로서 찾아내어 슈퍼히스테로이크한 임무들을 통해 욕망을 표출할 수 있었다. 그 임무들은 슈퍼히어로들에게 항구적 불만족이고, 불만족이야말로 히스테리의 원동력이다. 이제 욕망은 신체에 매달린 채 움직이고, 항상 갈고리 끝에 걸려 있지만 끝없이 빠져나간다. 끝없는 미장센 속에서, 추락했다가 다시 일어서기 위해.

임상적 설명: 징후와 상징

라캉은 《세미나 제5권: 무의식의 형성들》(1957-1958)에서 히스테리의 욕망, 다시 말해 무의식 가장 깊숙이 숨은 은밀한 소망은 대타자의 거세를 부인하는 것이라고 했다. 히스테리 환자는 결함이 있는 욕망을 유지하려고 한다. 슈퍼히어로들은 이 원칙을 각자 나름의 방식으로 보여준다. 그들은 각기 어떤 것의 균열, 결여 혹은 결함을 채우기를 원한다. 그 어떤 것이란 대타자의 아바타일 것이다. 슈퍼맨은 지구의 평화를 원하고, 배트맨이나 데어데블은 정의가 불의를 이기기를 바라며, 스파이더맨은 책임과 도덕성을 자기 어깨에 지기를 바란다. 그런 것들이 슈퍼히어로들이 대타자에게 씌운 아바타들이다.

슈퍼히어로들은 히스테리가 클리셰와 달리 세상을 더 나은 곳으로 만드는 지렛대임을 일깨워 준다. 히스테리는 근본적으로 불만족스럽게 남을 수밖에 없는 추구를 통해 자신을 곧잘 징후이자 상징으로 만든다. 그 이유는, 흔히들 말하듯 변덕이나 성격적인 면 때문이 아니라, 욕망이 충족되지 않게 유지해야만 욕망이 계속 달릴 수 있기 때문이다. 히스테리는 자신의 일이 결코 완성되지 못하게 무의식적으로 손을 쓰는 슈퍼히어로다. 배트맨은 결코 "자, 이제 고담시를 구했으니 나는 쉴 수 있겠습니다"라고 선언하지 않았다. 슈퍼맨은 결코 '지구의 평화는 너무 도달하기 어려운 목표였어. 좀 더 합리적인 목표를 정해야 나도 언젠가 은퇴를 할 텐데'라고 생각한 적이 없다.

슈퍼히스테로이크들은 기억에 자취를 남긴 사건 이후 슈퍼히어로의 커리어를 시작했다. 그 자취는 징후인 동시에 상징일 것이다. 일단 슈퍼히어로가 된 후로 그들은 끝없는 욕망에 뛰어든다. 그리고 자신의 상징에 대한 동일시가 발생한다. 히스테리 환자도 살아 있음을 느끼기 위해서 동일시를 추구하기 때문이다. 그는 자신이 동일시할 수 있는 새로운 존재들을 반복적으로 찾을 것이다. 그들이 그의 고유한 욕망에 대해 좀 더 알려줄 것이라 생각하고 그들을 사랑의 대상 혹은 증오의 대상으로 변화시킬 것이다.

소셜 네트워크는 자기를 찾기 위해 타인들의 의상 일습을 착용해볼 기회를 늘려주었다. 히스테리 환자로서는 자기 욕망의 나침반을 건네받은 셈이다. S자, 박쥐, 망치, 거미, 가슴팍의 제트엔진보다 동일시의 상징이 되기에 좋은 게 있을까? 모든 변화가 가능해졌다. 슈퍼걸, 배트우먼, 여자 토르, 스파이더우먼까지, 이 상징들은 욕망의 방향을 잡아주는 동일시들을 만들 것이다.

최초의 성이라는 면이 몸 전체로 전위되고, 남성의 몸이든 여성의 몸이든 그 몸은, 적어도 지시적인 면에서는, 성애적인 것이 된다. 딱 달라붙는 옷이나 무대의상은 신체적 특성을 과장한다. 지나치게 남성적이거나 여성적인 의상으로 역량을 드러내는 것이다. 배트걸이나 캡틴 마블의 최근 의상, 혹은 인체의 실루엣을 덜 드러내고 로봇과 비슷해진 아이언맨 아머가 그렇듯 슈퍼히어로 코스튬이 좀 더 도회적이고 기능적인 형태로 바뀌는 추세에 있긴 하나, 상징화는 여전히 유효하다. 판타스틱 포는 트라우마를 남긴 사고의 경험을 추락과 침입의 은유로 4라는 숫자가 새겨진 코스튬으로 구체화된 물리적 변화로 바꾸었다. 영어로 이 숫자 'four'는 'for'와 발음이 같다. 마치 인과성을 목표로 바꾼 것처럼 말이다. 슈퍼히스테로이크들은 대의를 위해 싸운다. 그 대의에 결코 끝이 없다면 더 좋다.

슈퍼히로인과 여성성의 문제

여성들은 슈퍼히어로들 사이에서 별도의 자리를 차지한다. 슈퍼히로인들은 점점 더 이 세계에 통합되고 점진적으로 해방되었을 뿐 아니라, 나름의 방식으로 여성적인 어떤 것에 대해서 말해준다. 여성성의 전부는 아니어도, 정신분석학이 접근한 어느 한 부분은 말이다. 그 부분은 대개 인상적인 동시에 낯선 면으로 남는다. 관련된 이야기들 속에서 해석을 요하는 점으로 남는 것이다. 진 그레이의 아바타 다크피닉스나 완다 막시모프, 일명 스칼렛 위치의 경우에는 '여성의 광기'까지도 말할 수 있을 것이다. 하지만 슈퍼히로인들이 말하는 것은 그보다 훨씬 복잡하고 훨씬 심오하다.

프로이트는 《비전문가 분석의 문제》(1926)에서 여성성을 "검은 대륙"에 해당한다고 했다. 그는 이 표현으로 여성성에는 불가해한 면이 있음을 말하고 싶었던 것이다. 여성성에는 '미지의 땅'처럼, 여성들 자신조차도, 단번에 파악할 수 없는 면이 있다. 우리는 여기서 생물학적 정체성으로서의 여성이 아니라 입장으로서의 여성을 말하는 것이다. 여성의 입장이 생물학적 성과는 별개로 개인과 심리적으로 관련될 수 있음은 말할 필요도 없겠다.

여성의 입장과 그 특이성은 슈퍼히로인들이 코믹스에서 더 잘 보여준다. 거세를 대하는 문제도 그들에게는 남성과 다른 방식으로 제기된다. 여성들은 부분적으로만 남근의 문제에 관련된다. 그들에게는 자기 욕망의 일부분이 있는데, 그 부분은 남성적인 면, 그녀들 모두를 모으는 후견인적 인물 하에 구축되는 것이 아니라, 한 사람 한 사람 특이한 방식으로, 여성성에 연결된 주체가 욕망하는 자신의 존재로 말하는 것을 통해 구축된다.

여기서 남성성과 여성성은 욕망을 신체 밖에 배분하는 범주들로서, 그리고 욕망 너머의 몫(다른 말로 주이상스)으로 이해해야 한다.

우리는 슈퍼히로인들의 운명이 남성성과는 구분되는 이 여성성의 문제를 밝혀준다는 것을, 생물학적 신체와 사회적 측면을 넘어 특수성들을 읽어낼 수 있다는 것을 보게 될 것이다. 작가가 누구냐는 중요하지 않다. 저마다 여성성의 문제를 자신의 자리에서 접근할 수 있다. 무의식은 이 문제에 정신적 양성성으로—정신적 자웅동체성[11]이라는 의미에서—대응한다. 슈퍼히어로 이야기의 독해는 여성성에 속할 수 있는 것을 알려줄 것이다.

---

11 알프레트 아들러의 개념.

검은 대륙 혹은 비가시성에 대하여

프로이트는 성인 여성의 성생활은 언제나 "심리학에게 검은 대륙"이라고 1926년에 《비전문가 분석의 문제》에 썼다. 마블 코믹스 초기부터 이 '검은 대륙'을 구현한 등장인물이 있다면 그건 단연 인비저블 우먼이다. 그녀의 능력은 자명하다. 그녀는 시선을 피하고, 투명인간처럼 남의 시야에서 사라질 수 있다. 뿐만 아니라, 또 다른 삭제가 그녀의 이름 자체에 나타난다. 그녀는 처음부터 '인비저블 우먼'이 아니라 '인비저블 걸'이었다. 이 이름은 그녀를 소녀의 상태로 귀착시켜 여성을 사라지게 한다. 리비도적 삶이 소녀의 수준으로 깎아 내려진 그녀는 미스터 판타스틱 앞에서 좋아서 정신을 못 차리고 오직 그를 사랑과 욕망의 대상, 과대평가의 대상으로 삼는다.

그녀의 비가시성은 여러 수준에서 굴절한다. 물론 이 비가시성은 1960년대 여성의 사회적·정치적 위치를 생각해 보게 한다(《판타스틱 포》 코믹스가 처음 나온 때가 1961년이다). 인비저블 우먼은 시대의 사회적 기록계 같아서 시대와 더불어 변화하면서 지울 수 없는 흔적을 남겨왔다.

뮤턴트이자 엑스맨의 슈퍼히로인인 진 그레이, 일명 마블 걸도 인비저블 우먼과 비슷한 프로필을 쌓아왔다. 멀리 있는 물건을 움직일 수 있는 그녀의 능력, 즉 염력 역시 눈에 보이지 않는 능력이라는 점이 흥미롭다. 다른 뮤턴트들은 그렇지 않다. 사이클롭스는 눈으로 빔을 쏘고, 엔젤은 천사의 날개를 가졌고, 비스트는 근육질의 몸과 민첩한 발을 지녔으며, 아이스맨은 얼음으로 뒤덮여 있다. 진 그레이의 능력은, 인비저블 걸의 능력이 그렇듯, 주위의 사물에 미치는 외적 효과 외에는 전혀 보이지 않는다. 우리는 이 근원적 비가시성이 사회적 표상의 영역을 넘어 더 심도 깊게 작용한다고 말할 수 있겠다. 또 다른 형태의 비가시성도 드러나는데, 그것은 인비저블 우먼의 애정의 대상에 대한 선택, 그리고 그 자기애적 효과와 관련이 있다. 수전 스톰은 미스터 판타스틱의 관심을 끌려고 애쓰는데 그 방식이 특이하다. 미스터 판타스틱을 향한 그녀의 애정 표현은 프로이트가 《나르시시즘 서론》에서 기술한 사랑의 열정과 흡사하다. 프로이트는 사랑의 열정이 대상, 다시 말해 관련된 타자에 대한 자아의 리비도가 넘쳐나는 것이라고 했다. 그리고 사랑의 열정은 성적 대상을 성적 이상형의 반열에 올려 놓는다고도 했다. 이 열정은 어린아이의 사랑을 결정한 조건들의 실현을 바탕으로 생긴다. 사랑을 결정하는 조건은 그때부터 이상화된다고 할 수 있겠다.

여기서 다루는 것이 어린아이의 사랑이라는 점이 흥미롭다. 우리는 수전 스톰을 '인비저블 우먼'이 아니라 문자 그대로 '인비저블 걸'로 명명하여 어린아이의 영역에 위치시킨 선택을 떠올리지 않을 수 없다. 인비저블 걸은 자기보다 눈에 띄게 성숙한 남성에게 애정을 '열성 소녀 팬처럼' 찬탄하는 태도로, 매우 변덕스럽게 표현하곤 한다. 여기에 따르는 부수 효과를 프로이트는 이렇게 기술한다. "자기애적 선택의 유형에 따라, 자기 자신이었는데 잃어버린 것을 사랑하거나 자기가 전혀 갖지 못한 완벽함을 지닌 것을 사랑한다." 여기서 수전 스톰과 리드 리처즈의 관계에 명백하게 적용되는 공식이 나오기에 이른다. "자아가 이상에 다다르기에는 그에게 부족한 탁월한 특성이 있는데 바로 이 특성을 지닌 것은 사랑받고" 그 심리적 결과는 다음과 같다. "신경증 환자는 대상에 과도한 에너지를 투입하므로 자아가 빈곤해지고 자아이상을 실현할 수 없는 상태에 놓인다."

이제 우리는 이 사랑의 표현 유형이 수전 스톰을 더욱더… 보이지 않게 한다는 것을 알 수 있다. 여기서도 남녀관계의 역학은 당대 문화 속에 위치하기에 수전 스톰은 남편에게 헌신하는 것밖에 몰랐던 1950년대 여성들을 계승하고 있다. 그렇더라도 이 인물을 구성하는 다양한 층위를 살펴보는 것은 무척 흥미로운 일이다. 그 층위들이 다채로운 사회적, 정치적, 관계적, 심리학적 비가시성을 만든다. 인비저블 우먼이 사회적·심리적 해방을 통해서 잘 보여주듯이, 서로 다르지만 상호 연결된 이 층위들이 여성성의 검은 대륙을 가로지른다.

인비저블 걸이 인비저블 우먼이 된 계기는 증오와의 만남이다. 사이코맨이라는 판타스틱 포의 적수는 감정을 조종하는 능력을 지녔다. 사이코맨에게는 헤이트몽거라는 우군이 있는데 이 악당이 쏘는 헤이트레이(증오광선)를 맞은 사람은 증오심이 활성화된다. 두 슈퍼빌런들은 예기치 않은 수단으로 해방을 촉발하는 역할을 한다. 그들의 협동 공격이 수전 스톰의 억압되고 숨겨져 있던 부분을 깨우고 그녀는 자신을 재명명한다. 인비저블 걸이 〈그들이 사랑하는 것은 모두 죽어야 한다고 말해〉라는 에피소드에서 맬리스라는 이름으로 등장한 때가 1985년이다. 이 도발적인 제목은 사랑에 죽음이 난입했음을, 예고된 끝이 꿈으로 표현되었음을 뜻한다.

수전 스톰과 리드 리처즈의 아들 프랭클린의 꿈에서 어머니는 맬리스의 모습을 하고 아버지 미스터 판타스틱을 죽인다. 앞에서 어린아이 유형의 사랑에 대해서 살펴본 바를 되짚어 보자면 이 꿈은 수전에게 그러한 유형의 사랑이 끝났음을 의미한다고 추론할 수 있다. 끝에 가서는 맬리스와 그녀가 나타내는 부정적 감정이 수전 스톰의 정신에서 떠나지만 그럼에도 그 자취는 뚜렷이 남는다. 그래서 이 사건 이후로 인비저블 걸은 인비저블 우먼으로 재명명된다. 이렇게 소녀에서 여자가 태어나면서 처음부터 그녀에게 배어 있던 이중의 비가시성은 끝난다. 이러한 변화는 사랑과 반대이지만 사랑의 부수적 감정이기도 한 증오의 표현을 통해 이루어진 것이다.

사랑과 증오라는 두 감정의 관계는 라캉이 《세미나 제20권: 앙코르》(1972-1973)에서 완전한 연애 감정을 일컫기 위해 'hainamoration'(애증)이라는 신조어를 만들게 했다. 이것은 타자에 대한 사랑과 증오를 연결하는 감정, 타자에게 매달리기에 충분한 사랑과 타자에게 융합되지 않기에 충분한 증오를 아우르는 감정이다. 애증은 이렇듯 사랑과 자존감을 연결한다. 자기애적 관계는 두 파트너 사이의 사랑을 사라지게 한다.

수전 스톰이 새로 선택한 이름인 인비저블 우먼에서 부각되는 것은 '우먼', 즉 여성이다. 비가시성은 그대로 남지만 그녀는 이제 타자에게 예속되어 있지 않다. 게다가 그녀의 능력은 이제 보이지 않는 사물을 만들어 자기나 타인을 보호할 수 있을 만큼 강해졌고 더욱 공격적이 되었다. 이때부터 검은 대륙은 변화의 한 측면이 된다. 그에 따라 수전 스톰의 내면에서 자유로이 풀려나는 것, 그녀의 능력에서 수수께끼처럼 남는 것이 정신적으로 드러난다. 그로써 마침내 인비저블 우먼은 판타스틱 포에서 가장 강력한 슈퍼히로인이 된다.

그러나 코믹스는 다른 등장인물들을 통해서도 이 보이지 않는 대륙을 넘어 여성성에서 남성성으로 범람하는 것—이 범람은 남성성과의 대칭에 국한되지 않는, 욕망과의 새로운 관계이자 세계와의 새로운 관계를 뜻한다—을 다루었다. 그리고 여성성의 이 부분에 우리 모두가 자신의 일부라고 느낄 수 있는 것이 존재한다. 이 부분은 욕망의 문제를 소유 차원에서 곧잘 넘어가 버리고 욕망을 오히려 존재의 차원에 위치시킨다.

불가해한 여성성이라는 주제를 다루면서 특히 두드러지는 세 인물의 사례를 들어보자. 진 그레이(피닉스), 완다 막시모프(스칼렛 위치), 그리고 아마존 여전사 원더우먼이 그들이다. 이 슈퍼히로인들은 저마다 프로이트에게 수수께끼로 남은 것, 즉 남녀관계 저편의 주이상스를 우리에게 보여준다. 이 주이상스는 더욱 강력한 힘, 신체 너머의 것과 연관이 있다. 라캉은 주이상스가 대타자, 즉 지고의 타자성, 흔히들 신이라 부르기도 하고 혹자는 우주라고 하며 또 어떤 이들은 마법적 내면이라고도 하는 타자성의 장을 떠올리게 한다고 했다. 진 그레이, 스칼렛 위치, 원더우먼은 각자 자기 방식대로 남성성으로는 파악이 안 될 뿐 아니라 두려움, 불안, 혹은 매혹을 자아내는 이 여성성의 특수성을 보여준다.

알고 있었나요?

인비저블 우먼은 처음에는 판타스틱 포에서 눈에 보이지 않는 능력을 지닌 여성 구성원에 불과했지만 이 4인조의 변천에 지대한 영향력을 미쳤다. 그런 점에서 이 캐릭터는 스탠 리의 아내 조앤과 비교될 수 있다. 마블 슈퍼히어로 창시자의 생애를 다룬 전기[12]에 따르면 스탠 리가 코믹스 업계를 떠나려 할 때 심리적으로 입체감 있는 인물들을 만들어보라고 귀띔한 사람이 바로 조앤이었다고 한다. 그리하여 1961년에 탄생한 판타스틱 포는 이런저런 문제로 괴로워하고, 서로 싸우기도 하고, 차차 성장하고 변화한다. 조앤이 심은 씨앗은 이후에 탄생한 마블 슈퍼히어로들의 전반적 정서를 결정했다. 보이지 않는 한 여성이, 슈퍼히어로들이 우리가 알고 있는 모습으로 탄생하는 데 일조한 것이다!

피닉스와 무한한 역능-주이상스

진 그레이는 우주여행 중에(지금은 아주 유명해진 에피소드 《언캐니 엑스맨 Vol. 1 #101》[1963]에서) 엑스맨들을 구하기 위해 지구로 귀환하는 우주선을 홀로 조종한다. 수직

12 *A Marvelous Life: The Amazing Story of Stan Lee*, Danny Fingeroth(2019).

으로 추락 중인 우주선의 보호실에 다른 엑스맨들을 대비시켜 놓고 진 그레이 혼자 조종실에서 추락을 막기 위해 고군분투하는 것이다. 그녀는 우주선에 무자비하게 쏟아지는 우주 광선을 막아주지 못하는 조종실에 있었기 때문에 목숨을 내놓은 셈이었다. 하지만 진 그레이는 자기 목숨을 엑스맨 동료들을 구하는 대가로 여겼고 천신만고 끝에 우주선이 바다에 빠지게끔 조종하는 데 성공한다. 엑스맨들은 전원 무사했다. 이때 바닷물 속에 가라앉았던 진 그레이가 빛나는 불꽃 같은 새로운 코스튬으로 변신해서 떠오르고는 이렇게 외친다. "너희가 알았던 여자는 이제 없어! 나는 불과 생명의 화신이다! 나는 피닉스다!" 마블 걸이었던 진 그레이가 피닉스로서의 삶을 시작하는 순간이었다.

그녀의 염력과 텔레파시 능력은 무시무시하게 강해지고 삶 역시 완전히 달라졌다가 결국 캐릭터가 사망하기에 이른다(《언캐니 엑스맨 Vol. 1 #137》[1980]). 진 그레이의 능력이 그녀의 측근이나 그녀 자신조차 통제 불가능한 지경에 이를 때 얻게 되는 칭호 "어둠과 별의 딸"은 표상의 장이나 개인들의 합리적 관계를 초월한 호명처럼 들린다. 통제 불가능한 능력은 주이상스, 즉 신체를 범람하는 것, 차고 넘치는 잉여의 한 부분이 된다. 그녀의 멘토 찰스 자비에를 위시한 엑스맨 동료들은 이 능력에 추월당한다. 그래서 진 그레이는 갤럭투스의 전령 파이어로드 같은 우주 영웅들에게도 맞설 수 있고, 엠크란 크리스털 사가(《엑스맨 Vol. 1 #107》[1977])에서는 우주를 구해내기도 한다. 그녀의 힘은 은하 전체를 파괴할 수도 있을 만큼 위협적이다.

여성성을 검은 대륙 운운했던 프로이트의 발언으로 돌아가, 피닉스의 동료 중에서 이 변신에 의문을 품었던 이들을 살펴보자. 찰스 자비에의 동료이자 명성 높은 유전학자 모이라 맥태거트는 이 측량할 수 없는 힘의 기원을 밝히기 위한 분석을 실시했으나 답을 얻지 못했다고 하지만, 문제의 윤곽을 파악하기 시작한다. 그녀가 진 그레이에게 그렇게 무시무시한 힘을 쉬지 않고 사용하면 피곤해지지 않느냐고 묻자 진 그레이는 "오히려 쾌감에 가까워진다"고 대답한다.

이처럼 역능과 측량 불가능한 주이상스의 원천은 신체 외적으로 나타난다. 그것은 쓰면 쓸수록 피로가 아니라 쾌락이 발생한다. 모이라와 진의 대화가 보여주는 바와 같이, 라캉은 여성의 입장이 두 형태의 주이상스에 걸쳐 있다고 했다. 한쪽에는 남근적 주이상스, 달리 말하자면 기관, 신체의 주이상스가 있다. 여기서의 주이상스는 결여된 것을 (생물학적으로 남성일 수도 있고 여성일 수도 있는) 타자에게서 상상적으로 발견함으로써 겪게 된다. 그리고 다른 한편에는 대타자 주이상스가 있다. 이 주이상스에 대해서는 "경험은 하지만 아무것도 모른다고" 인정하는 것 외에는 달리 증언할 방법이 없다(《세미나 제20권: 앙코르》).

진 그레이가 모이라에게 피닉스 포스에 대해서 달리 무슨 말을 하겠는가? 그녀는 그 힘을 경험하지만 그것에 대해 아무것도 모른다. 자신도 모르기 때문에 친구이자 유전학자인 모이라에게 그 힘의 분석을 의뢰한 것이다. 그녀는 혼자 힘으로 우주를 구해낸 후 모이라에게 답변을 요구하고 이 새로운 힘을 쓰면 예전처럼 피로해지지 않고 오히려 기분이 좋아진다고 알려주었다. 우리는 진 그레이를 관통하는 이 힘에서 여성성을 특징짓는 것, 즉 또 다른 역능으로의 접근을 발견할 수 있다. 슈퍼히어로적 측면의 주이상스를 명명하는 또 다른 방식으로의 접근 말이다.

슈퍼히어로들은 역능 혹은 주이상스를 대부분 남근적인 면으로, 다시 말해 신체적 표현으로 처리하는데, 여기서는 포스가 범람한다. 여성의 주이상스라는 이 부분이 범람하는 것처럼 말이다. 우리는 그 부분의 좌표들을 피닉스의 도정에서 찾아볼 수 있다. 역능을 주이상스의 슈퍼히어로적 등가물이라고 본다면, 변신 이후의 진 그레이는 길들지 않는 야성적 면모를 드러낸다. 여성성이 자기애적인 모습으로, 치명적이고 때로는 신비로운 면을 불가해하게 드러낼 수 있듯이 말이다. 결과적으로, 그 모든 것은 두려움과 매혹을 동시에 자아낸다. 피닉스가 주위에 불러일으키는 효과도 마찬가지다. 물론 그녀는 자기 사람들을 몇 번이나 곤경에서 구해낼 것이다. 그러나 마치 중세의 마녀처럼 그들에게 의문을, 나아가 경계심을 불러일으키기도 할 것이다. 게다가 진 그레이는 헬파이어 클럽이라는 어둠의 무리에게 끌리기도 한다. 불과 생명의 화신은 이렇게 사악한 돌파구를 찾는다. 하지만 여기서 여성성의 인물이 말하는 바는 점점 더 눈부시게 번득인다.

여성은 수수께끼, 검은 대륙이다. 프로이트의 주장은 그렇다. 진 그레이는 피닉스 포스의 발현을 통하여 욕망의 불과 생명의 사랑을 결합하려는 욕망을 예증하고, 여성성의 이 부분은 측량할 수 없으며 남근적 역능-주이상스로 파악되지 않는다는 것을 보여준다. 여기서 여성성은 불가능한 것, 사랑과 욕망의 화해 불가능성에 열중하는 것처럼 보인다. 진 그레이는 욕망의 몽상들(헬파이어 클럽의 다른 남자가 등장한다든가)과 그녀의 연인인 스콧 서머스, 일명 사이클롭스에 대한 애정 사이에서 분열되어 있다.

다른 남자가 진 그레이의 몽상 속에 텔레파시를 통한 정신적 지배 현상으로 개입하고 음험한 조종으로 이득을 꾀하려 하지만 진 그레이가 거기서 취했을 무의식적 이득에 대해서도 생각해 본다면 흥미로울 것이다. 물론, 이 말은 모든 정신적 지배가 무의식적 동의에 근거해 있다는 뜻이 절대로 아니다. 단지 이 경우에 한해서는, 진 그레이의 놀라운 능력으로는 그 지배에서 벗어날 수도 있었을 법하기 때문에 일시적으로 어떤 이득이 있었으리라는 가설이 성립 가능하다. 사실, 헬파이어 클럽이 진 그레이에게 (속임수로) 거래한 것은 모든 '길들임domestication'에 대한 저항이었다. 라캉도 《텔레비지옹》(1974)에서 말한 바 있는 이 '도메스티카시옹d'hommestication'[13]은 근본적 야만성을 길들인다는 생각과 맞닿아 있다. 게다가 진 그레이는 텔레파시 몽상 속에서 헬파이어 클럽의 밀사인 제이슨 와인가드와 함께 사냥을 나가 사슴을 추적하는데, 그게 실은 사슴으로 위장한 사람이었다. 그러자 제이슨 와인가드는 진 그레이에게 그 남자의 숨통을 단검으로 끊어 버리라고 제안하고, 바로 그 순간 그녀는 꿈에서 깨어난다.

---

13 [옮긴이 주] 'd'homme'를 넣어 '길들임'이라는 프랑스어와 동일한 발음을 만든 말장난. '인간에게 맞춤' 정도로 옮길 수 있겠다.

프로이트와 꿈의 해석 이래, 우리는 욕망이 자신의 불안한 이면과 뒤섞이는 순간 각성이 갑자기 일어난다는 것을 알고 있다. 프로이트는 《꿈의 해석》(1900)에서 "모든 꿈은 (억압된) 욕망의 (위장된) 충족"이라고 했다. 그는 무의식적 요소들이 경계를 넘어설 때부터 불안이 떠오르고 꿈을 꾸던 자는—진 그레이처럼—욕망과 불안이 드러나는 꿈에서 깨어난다고 덧붙인다. 이 장면에서 그녀는 여성으로서 '도메스티카시옹'의 존재를 없애려는 입장에 있다. 욕망과 불안은 그녀를 사로잡고, 여기서 문제가 되는 여성성에게 궁극의 교섭 상대인 죽음과 관련된 것을 구체화한다. 대타자를 나타내는 이 인격화된 죽음은 모든 대답을 모으고 모든 이해에 대한 접근을 나타내며 그로써 결핍을 채운다.

창조적 힘이 파괴적 힘으로 변하면서 피닉스가 다크 피닉스로 변한 것은 욕망의 궁극적 만남이라는 이 원칙을 보여주는 것이리라. 여성적 욕망은 실패한 존재들을 넘어 질문할 것이다. 마스터마인드 제이슨 와인가드는 그녀를 유혹할 뻔했고, 사이클롭스 스콧 서머스는 그녀를 사랑할 뻔했으며, 부모는 그녀를 인정하고 안심시킬 뻔했지만 그러지 못했다. 그리고 주위 사람들, 특히 프로페서 X는 그녀를 제자로 받아들이고 그녀에게서 범람하는 것과 관련해 도움을 주려 애썼다. 우리는 자기 몸에서 의미를 찾기 위해 거식증, 자해, 자상에 매달리는 사람을 도우려는 주위 사람들의 헛된 노력을 목격한다.

이 표현들이 여성성에 고유한 것은 아니지만, 한계가 부재하는 여성적 성향을 바탕으로 자신을 구축한 주체들에게 대개 더 뚜렷이 나타나는 것은 사실이다. 진 그레이는 더 여위고 초췌해 보이는 아바타가 되었다. 그녀의 신체는 어두운 부분을 포용하느라 형체를 잃어간다. 그녀는 이 시기를 여는 에피소드(《언캐니 엑스맨 Vol. 1 #136》[1980])의 타이틀에서 스스로 이렇게 말한다. "빛과 어둠의 아이!"

알고 있었나요?

피닉스가 죽지 않았을 때 일어난 일을 다루는 에피소드(《왓 이프 #27: 만약 피닉스가 죽지 않았다면》[1981])에서 그녀는 시아 제국의 임페리얼 가드와 싸우고 난 후 달에서 자살하지 않았다. 그녀는 그 싸움에서 자신의 친구들, 특히 자신의 오랜 파트너 사이클롭스까지 쓰러지는 모습을 본다. 그들의 패배 이후 진 그레이는 시아 제국의 첨단 과학기술에 의해 과거 마블 걸로 불리던 시절만큼 능력이 축소된다. 엑스맨은 그들의 우군이자 친구 진 그레이 옆에서 모험을 계속 펼친다. 그렇지만 갤럭투스의 전령 테락스와의 전투 중에 사이클롭스가 쓰러진다. 진 그레이는 그 충격으로 피닉스의 힘을 되찾고 전령을 무찌른 후 행성 자체를 잡아먹는 파괴자 갤럭투스에 맞선다. 엑스맨은 진 그레이 덕분에 적들과의 싸움에서 승리한다.
하지만 이 힘에는 치러야 할 대가가 있었다. 진 그레이는 힘을 회복하기 위해 별 하나를 소진해야 하는데, 그 현장을 같은 팀의 막내 키티 프라이드에게 들키고 만다. 피닉스는 키티의 질책을 참지 못하고 화가 나서 그녀를 죽여 버리고, 동료들은 그 광경을 보고 경악한다. 이후의 전투는 엑스맨들에게 치명적이었다. 피닉스가 그들을 전부 죽이고, 바닥에 쓰러진 사이클롭스를 보고 지구와 우주 전부를 불살라 버리기 때문이다. 이 평행세계 이야기 속에서의 걷잡을 수 없는 범람은 역능-주이상스의 한계 없음과 중독적 성향을 잘 보여준다. 삶 충동과 죽음 충동 사이의 경계는 미미하다. 신체의 경계를 자못 신비한 방식으로 말하는 이 주이상스는 창조적이기도 하지만 그만큼 파괴적이기도 한 힘이다.

스칼렛 위치: 역능과 혼돈

남성성이 파악하지 못하는 역능-주이상스와 마녀의 이미지는 한 발짝 차이다. 스칼렛 위치, 완다 막시모프는 그 한 발짝을 내딛게 할 뿐 아니라 여성성을 이해하는 데 귀중한 요소들을 발견하게 해준다. 물론 모든 여성이—완다 막시모프로 살펴본 의미에서—마녀는 아니지만, 그녀는 뭔가를 말해준다. 여성성이 던지는 수수께끼가 자신의 전진을 위해서는 꼭 필요한 길이라는 듯 계속 탐색해나갔던 프로이트처럼, 우리는 스칼렛 위치의 길을 따라갈 것이다. 사실, 지금까지 알려지지 않은 비밀들로 인도하는 것이야말로 마녀의 역할이 아닌가?

완다 막시모프는 뮤턴트, 문자 그대로의 의미로는 '존재를 바꾸는 것'이다. 그녀의 뮤턴트 능력은 어떤 일이 일어날 확률을 조작하는 것이다. 그녀는 마녀사냥 때문에 쌍둥이 형제 퀵실버(초고속능력을 갖춘 뮤턴트)와 함께 동유럽의 고향 마을을 떠나, 자칭 자기장의 지배자 뮤턴트 매그니토에게 의탁한다. 매그니토는 그녀를 자신이 이끄는 브라더후드의 유일한 여성 구성원으로 삼는다. 이때 토드라는 뮤턴트가 그녀에게 반해서 눈독을 들이지만, 스칼렛 위치는 나중에 진영을 바꾸어 어벤저스에 합류한다. 이제 그녀는 선을 위해 싸우거나, 적어도 자기 힘을 통제할 수 있을 때는 그렇게 하려고 노력한다.

그녀의 힘 이야기로 돌아가 보자. 처음에 스칼렛 위치는 추락이 일어날 것 같지 않은 자리에서 누군가의 추락을 일으키거나, 단단한 사물의 풍화를 일으킨다든가 하는 식으로 사건의 확률을 조작하는 능력을 나타냈다. 그러다 능력이 점점 변하면서 카오스 매직이라는 마법을 부리기에 이른다. 카오스 매직은 크톤이라는 고대의 악신에게서 유래한 강력한 마법이다. 스칼렛 위치의 능력은, 나중에 그녀의 이야기가 전개되면서 밝혀지지만, 그녀가 태어날 때부터 이 악신과 연결되어 있었다. 크톤은 다른 이름으로 그레이트 섀도라고도 하고 디 아더라고도 한다. 특히 이 악신이 소환될 때 사용하는 이름 디 아더the Other는 정신분석학자 라캉이 말하는 대타자 주이상스를 떠오르게 한다는 점에서 예사로이 넘길 수 없다.

라캉은 소위 '남근적' 주이상스, 다시 말해 성기와 관련된 주이상스와 구분하기 위해 대타자 주이상스라는 명칭을 만들었다(《세미나 제20권: 앙코르》). 하지만 이 명칭에 우리가 관심을 두는 다른 이유가 있다. 이 주이상스는 위협적이고 전능하며 박해하고 쾌락을 추구하는 대타자에 속한다. 여러분을 집어삼키고 싶은 마음, 여러분을 예속시키려는 의지, 여러분을 대상으로 취하려는 욕망을 대타자의 것으로 간주하는 한은 그렇다.

라캉이 지적했고 스칼렛 위치라는 인물을 통해 설명되는 것, 그것은 주이상스가 하나가 아니라 둘 존재한다는 것이다. 신체 기관과 연결된 주이상스, 그리고 다른 곳과 결부된 신비로운 주이상스로서의 '대타자' 주이상스. 우리는 완다 막시모프에게서 이러한 특징을 알아볼 수 있다. 그녀가 활약하는 에피소드들은 '정신병적인' 경우가 많다. 그녀는 정신이 나간 것처럼 멍해 있거나, 빙의가 되어 같은 편을 공격하거나 그들을 고문하면서 즐거워하고 몇몇을 죽이기까지 한다. 〈어벤저스: 분리〉(《어벤저스 Vol. 1 #500-#503》[2004]) 편에서 스칼렛 위치는 어벤저스에 속한 세 명, 잭 오브 하츠, 이글아이, 그리고 자신의 남편 비전까지 죽여 버린다.

알고 있었나요?

스칼렛 위치는 〈마법으로 세계 여행〉(《스칼렛 위치 Vol. 2 #8》[2016])에서 뉴욕의 한 정신과 의사를 찾아간다. 그녀는 자신의 과거, 자기 어머니에 대해서 알게 된 사실, 남들을 보호하고 싶어 하는 성향, 결단을 내리지 못하는 우유부단함 등을 고백한다. 스칼렛 위치는 자신의 망설임을 알리고 심리치료를 마치면서 이제 다시는 자신이 물려받은 것을 억압하지 않겠다고, 다시는 두려워하지 않겠다고, 자신의 기원을 찾아 떠나겠다고 마음먹는다. 하지만 그 심리치료 자체가 최면 능력을 지닌 슈퍼빌런 링마스터의 계책이었음이 밝혀진다. 완다 막시모프는 이 계책의 초반에 그 사실을 알게 되지만 아무것도 모르는 척 연기를 한다. 링마스터가 곧바로 그의 정체를 까발리지 않은 이유를 묻자 스칼렛 위치는 가짜 정신과 의사가 의사 노릇을 잘

해줬기 때문이라고 대답한다. 상황이 역전된 셈이다. 이는 심리치료의 틀이 타자에게 어떤 자리를 부여하는가, 즉 이른바 전이 transfert 가 중요하다는 것을 보여준다. 스칼렛 위치는 마법처럼 자리들을 바꾸어 놓았다. 장악한다고 생각하는 자가 실은 장악당하고 있었던 것이다.

스칼렛 위치의 광기가 드러난 이 에피소드는 역능이 그녀를 범람한 순간에 해당하지만 빙의의 순간과도 연결되어 있다. 디 아더가 그녀를 지배하는데, 그렇다고 해서 그녀의 이성을 앗아간다기보다는 역능의 이 부분이 주이상스로서 넘쳐흘러 그녀가 정신적으로나 신체적으로 담아놓을 수가 없는 것이다.

여기서 여성성의 수수께끼는 더 이상 검은 대륙이 아니고 오히려 존재의 여성적 양상의 표현이다. 그리고 그 표현은 이질적인 두 형태의 주이상스로 나뉜다. 한 부분은 신체기관으로 향해 있고 다른 부분은 그 너머에 위치한다.

스칼렛 위치가 우리에게 말해주는바, 이 인물의 심리적 계류와 코믹스에서의 표현을 연결하기 위해 우리가 여기서 역능-주이상스라고 부르는 것의 이 부분은 대타자에게서 오고, 대타자에게—이 경우에는 크톤에게—말을 건다. 추가적 주이상스의 부분을 몸과 마음을 바치는 신적 타자에게 봉헌함으로써 스칼렛 위치는 돌파구를 찾는다. 마치 발신자에게로의 반송처럼, 주체는 주이상스의 이 부분을 돌려보내고 제공한다.

어디서 왔는지 모르는 주이상스의 일부를 대타자에게 바치는 이 기제를, 우리는 신비사상에서 찾아볼 수 있다. 대타자 주이상스는 신체기관을 넘어 다른 길, 다른 소명을 분명히 찾을 수 있다. 가령, 고대 폴리스에서 활동했던 정치적 신비주의자들을 그렇게 볼 수 있겠다. 하지만 우리는 지금 마녀에 대해서 다루고 있다. 이 신비사상에서 신적 타자에게 신체기관을 범람하는 주이상스 부분을 맡긴다는 것은, 평정으로 돌아가기 위한 해결책이다. 완다 막시모프의 도정은 바로 그 점을, 평화롭고 진정된 순간과 범람하는 순간의 갈마듦을 보여줄 뿐이다. 특히 후자에서 대타자에게 바쳐진 역능-주이상스는 증폭되어서 자신의 강력한 우군들조차 어이없으리만치 쉽게 쓰러뜨린다.

스칼렛 위치가 자신의 기원을 알기 원했든 그렇지 않았든, 그녀는 자신의 출생지 원더고어 산으로 돌아가는데 그곳은 크톤이 처음으로 그녀에게 빙의한 장소다. 또한 그녀는 자기 편과 반대되지만 그녀의 아버지로 추정되는 매그니토의 진영을 선택하기도 한다. 어디 그뿐인가, 완다 막시모프는 빙의 상태에서 자신의 옛 동료 세 명을 무찌르기도 했다. 이처럼 그녀는 수시로 자신이 통제할 수 없는 범람을 보여준다.

그래서 《하우스 오브 엠》(2005)시리즈에서 스칼렛 위치는 아버지의 이상에 부합하는 새로운 현실을 만들기 위해 현실을 왜곡하고 수백만 뮤턴트를 쓰러뜨리고 그들의 능력을 박탈하기에 이른다. 하우스 오브 엠에 나타난 아버지의 이상, 혹은 카오스 매직을 지배하는 악신 크톤의 계획은 어벤저스와의 결별을 통하여

성취된다. 하지만 우리가 여기서 짚고 넘어갈 것은, 스칼렛 위치에게 아무나 빙의된 게 아니라 다른 신 혹은 신을 표상하는 존재, 그녀를 관통하는 역능-주이상스에 걸맞은 대타자가 씌었다는 점이다. 대타자는 결국, 그녀의 역능-주이상스가 범람하고 남근적 역능의 영역을 넘어선다는 것을 보여주기 위한 하나의 벡터다. 그녀의 우군들이 두려워하는 것은 저 너머의 것이다. 그들은 이 역능-주이상스 부분을 진압할 수 없기 때문이다. 그렇기 때문에 '마녀'라는 칭호는 그녀에게 딱 맞는다.

이 칭호를 스스로 택했거나 부여받은 옛 마녀들과 마찬가지로 스칼렛 위치는 이 남근 너머를 나타내는 여성성의 표현이다. 신체기관과 연결된 주이상스 너머는 근본적으로 남성성이 파악할 수 없는 것이다. 이 부분은 관계, 예의범절, 질서로 파악되는 것이 아니므로 남들은 미쳤다고 할지도 모른다. 카오스(혼돈), 그것이 스칼렛 위치의 마법이다. 이 이름은 창조적 역량과 파괴적 역량을 동시에 담아내고, 이 부분은 빼앗을 수도 없고 구속할 수도 없다. 스칼렛 위치가 다채로운 변화를 통해서 보여주는 이 역능-주이상스는 여성성의 불가해한 부분을 이야기하는 것이자 그녀의 특이한 마법에 다름 아니다.

알고 있었나요?

《스칼렛 위치 Vol. 2 #14》(2017)에서 그녀와 퀵실버, 이 쌍둥이 남매의 기원은 여러 번 바뀌었지만, 완다 막시모프는 끝내 자신의 생모를 만난다. 스칼렛 위치는 처음에는 자기 부모가 집시 부부인 줄 알았고, 그다음에는 제2차 세계대전 중에 서로 만난 슈퍼히어로 커플인 줄 알았으며, 나중에는 생부가 뮤턴트 매그니토라는 것을 알게 되는데… 그래서 밝혀진 생모는… 스칼렛 위치였다!
나탈리아 막시모프는 마녀였고 완다와 똑같이 스칼렛 위치라는 이름을 썼다. 나탈리아의 정신은 마법 여신의 정신과 융합되어 자기 딸의 마력의 원천 그 자체가 되었다. 어머니는 딸에게 마지막 진실을 폭로한다. 완다는 자기 어머니를 죽인 사람이 유전학자 하이 에볼루셔너리라고 생각해왔는데 실은 범인이 따로 있었다. 그녀의 아버지가 어머니를 죽인 것이다! 스칼렛 위치가 광기에 휩싸일 때 어머니 편에서 카오스라는 마법을 해방한다는 점을 감안하면 꽤 흥미로운 가족의 비밀이다.

원더우먼:
전달의 길

설정에서부터 이후의 변천을 거치면서 늘 여성성에 질문을 던졌던 슈퍼히어로 캐릭터가 있다면, 그건 바로 아마존 여전사 원더우먼이다. 정신분석학에서는 여성성이 늘 규정해야 할 것으로 남아 있다면, 사회가 여성성에 여러 얼굴을 제공한다는 것은 말할 필요도 없겠다. 어머니에서 창녀까지, 수녀에서 마녀까지, 처녀에서 죄 많은 여인까지, 건실한 주부에서 팜파탈까지, 어떤 페미니스트에서 또 다른 페미니스트까지, 여성의 다양한 모습은 차고 넘친다. 그리고 히로인들도, 사회에서든 픽션에서든 넘쳐난다. 마리 퀴리, 메리 셸리, 안티고네, 《공각기동대》(1989-1996)의 미라 킬리언 소령까지, 여성들에게는 수많은 얼굴이 있다.

진실을 상징하는 인물 원더우먼은, 말이 여성에 대한 가부장적 지배라는 진실을 해방하는 어느 한 시대에는 여성 인권의 대사였다. 이 캐릭터가 애초에 탄생할 때부터 올스타 코믹스의 편집자는 "원더우먼은 마스턴 박사가 청소년들이 여성이 남성보다 못하다는 편견과 싸울 수 있도록, 특히 여자아이들에게 자신감을 길러주고 그동안 남성이 독점하다시피 했던 운동, 활동, 직업 분야에서도 성공할 수 있도록, 강하고 자유롭고 용감한 여성 모델을 고양하려는 목적에서 구상되었습니다"라고 말했다. 원더우먼은 이렇게 동일시 모델을 자처하고 나왔다. 앞으로 보게 되겠지만, 비록 이 의도가 시대에 따라 부침을 겪었을지언정, 동일시 문제는 애초의 의도를 훨씬 뛰어넘어 생각지도 못했던 면들을 밝혀주는 여성 캐릭터를 제시하기에 이르렀다.

정신분석학에서는 무엇이 주체적 경험 속에서, 다시 말해 해부학과 그 사회적 현현을 넘어서서 여성성을 정의할 수 있는가? 프로이트는 성차性差가 해부학적 차원에서 이론의 여지가 없는 반면, 심리적 차원에서는 꼭 그렇지만도 않다고 했다. 그래서 정신분석학으로서는 여성이란 무엇인가라는 문제가 제기되고, 여성성의 문제는 그것을 구성하는 다양한 부분들을 살펴보는 그 어떤 주체에게든 제기될 수 있다. 프로이트가 어렴풋이 모색하고 라캉이 연구했던 그 지점에 대해서, 원더우먼은 귀중한 생각을 우리에게 전해준다.

원더우먼은 여성성을 파악하는 데 도움이 되는 단서들을 제공한다. 테미스키라의 다이애나는 여성들로만 구성된 아마존들의 섬에서 태어났고 아마존 자매들을 동일시하면서 자신을 여성으로서 규정했다. 그녀는 섬의 다른 주민들과 닮았기 때문에 남성이 등장하지 않는 한 자신을 그들 가운데 하나로 인식하는 데 아무 문제가 없었다. 어머니 히폴리타가 수시로 일깨우는 "너는 아마존이다"라는 확언이 다이애나 공주에게 의심을 불러일으킬 여지는 없었다.

우리는 다이애나의 경우를 통하여 타자의 담론이 주체를 초기에 규정하는 주위의 문화에 걸맞게 성 정체성을 수립시킨다는 것을 알 수 있다. 가령, 초음파 사진으로 태어날 아기가 딸이라는 것을 알게 된 부모는 그 사회 문화에 따른 여자아이의 관념과 정체성을 '미리부터' 좇아서 아기를 입히고 치장할 것이다. 성차를 전혀 모르고 자기가 아마존들의 섬에서 산다는 사실은 더더욱 모른 채 태어난 주체는 상징적 질서, 다시 말해 언어와 문화의 담지자인 타자에게 완전히 맡겨져 있다. 주체는 그 후 특정한 표상에 대해 자신을 동일시할 수도 있고 거부할 수도 있다.

원더우먼에게 보편성은 여성성이고 그녀에게 나타나 이 원칙을 깨뜨리는 존재가 남성이라는 점은 흥미롭다. 섬에 표류한 군인 장교 스티브 트레버는 그녀에게 처음으로 남성성을 대표하는 존재다. 그는 "다른 사람들 같지 않은" 존재를 떠오르게 하여 성 정체성의 보편성을 깨뜨린다. 원더우먼은 다른 곳에서 온 이성의 존재를 발견함으로써 성차의 문제를 이해한다. 그녀는 평화와 문명의 세계, 아마존의 세계를 떠나 전쟁과 야만의 인간 세계, 위험과 미스터리의 세계로 간다. 원더우먼은 남성들, 위험한 외부인들에게 아마존 여성들의 대변자로서 위치할 것이다. 하지만 원더우먼의 사회적 성찰을 가로지르는 지배-피지배 관계뿐만 아니라, 오이디푸스를 넘어 다른 계승으로 나아가는 여성성의 문제도 암암리에 제기될 것이다.

남성과 여성의 사회적 범주화가 당연하게 무의식에서 주체의 근간 중 하나인 것은 아니다. 주체는 성차의 문제를 무척 복잡하게 경험하기 때문이다. 프로이트는 정신적 양성성의 문제를 매우 일찍 발견했다.

여성성의 문제는 원더우먼이라는 인물을 통해 여러 가지 방식으로 설명된다. 여성들만 사는 섬에서 태어났다는 사실은 그녀가 남성들의 세계와 대결하면서 여성성이 무의식적 차원에서 가리키는 바를 드러내게 한다. 그 점은 원더우먼이 끌어오는 외양과 속성에서 읽어낼 수 있다. 이것들을 읽어냄으로써 여성성이 무의식에 제기되는 그대로 그 이미지의 가닥을 따라갈 수 있다.

여성성의 문제가 제기하는 외양의 문제가 원더우먼에게서 이중적이라는 점은 흥미롭다. 그녀는 미국을 대표하는 것도 아니면서 성조기를 두르고 다닌다. 물론 원더우먼의 탄생은 애국심이 한창 고취되었던 제2차 세계대전 중으로 거슬러 올라간다. 하지만 원더우먼은 아마존인데 자기 나라도 아닌 미국의 국기를 왜 두르고 다니는가. 게다가 슈퍼히어로 중에서 기수도 아니면서 특정 국가 국기를 나타내는 인물은 원더우먼뿐이다. 슈퍼맨도 코스튬이 성조기와 비슷하고 아메리칸 이글이 어깨에 앉은 모습으로 곧잘 등장하곤 하지만 그는 실제로 미국인으로 성장했으므로 다른 국가의 사절 행세를 하는 것이 아니다.

외양이라는 주제에 여성성이라는 주제처럼 접근할 수도 있다. 여성성의 어떤 면들을 드러내는 것으로는 충분치 않다. 반대로, 그런 특징들을 드러내지 않는다고 여성성이 있고 없고를 말할 수 있는 것도 아니다. 이렇듯 원더우먼은 무의식적으로 이 원칙을 상기시킨다. 겉모습이 소속을 만들지는 않는다. 비록 성조기 코스튬과 아메리칸 이글 형태의 가슴받이를 착용할지언정 원더우먼은 미국의 대사가 아니다. 하지만 이 혼란스러운 상황은 정신분석학이 '가면극'이라고 명명한 것과 일치한다. 가면극은 슈퍼히로인에게 특별한 주제인 가면, 그리고 '겉으로 보이는 것'의 차원과 연결된다. 이 '겉으로 보이는 것'의 차원이, 성과 관련된 것에 접근하기 위해서는 언어를 통과해야 한다는 점을 주체에게 일깨운다. 성과의 직통 연결, 동물적이고 야만적인 본능은 없다. 비록 어떤 사람들의 행동은 때때로 그런 게 있다고 생각할 여지를 남기지만 말이다.

프로이트 이후 여성성의 문제를 연구해온 정신분석학자 조안 리비에르는, 주체에게 있어 성은 언어를 통과한다는 것을, 다시 말해 욕구를 요구로 편집해야 한다는 것을 우리에게 알려주었다. 그 욕망은 욕망을 표현하는 사람을 벗어난다. 그래서 결국 그 욕망을 타자는 그 자신의 언어로 받아들인다. 요컨대, 정신분석은 성이라는 면을 발견했지만, 타자와 뜻이 통하기는 어렵고 심지어 자기 자신과 뜻이 통하기도 쉽지 않다. 정상적으로 구성된 주체는 일상적으로 그렇게 산다. 성적인 일들은 언어를 통해 일어난다. 성욕이 어떤 사람에겐 넘치고 어떤 사람에겐 충분치 않지만 어쨌든 이 욕망은 말을 하게 만드는데, 그 뜻이 반드시 통하란 법은 없다.

어쨌든 슈퍼히어로들에게 돌아가 보자. 원더우먼은 자기 나라 것도 아닌 국기를 몸에 두른다. 이것이 첫 번째 혼란이다. 그녀는 자매들에게 남성 세계에서 활동하는 아마존 대사, 즉 언어의 여성으로 인정받는다. 남자들과의 소통은 원더우먼이 맡은 일이다. 그들의 욕망을 야만적 욕망에서 이해의 욕망으로 통과시키기 위해서.

이 상황에서 테미스키라의 다이애나는 원더우먼으로 임명된다. 여기서 그녀를 규정하는 것은 타자다. 그녀는 한 사람에게서 다른 사람으로, 어머니의 욕망에서 태어난 여자아이에서 '경이-여성Wonder Woman'으로 변신시키는 것은 아마존들이 전해준 상징물들과 표지들이다. 진실의 올가미, 굴복의 팔찌, 금빛 티아라, 헤르메스의 샌들, 아틀라스의 장갑이 다이애나가 원더우먼이 되면서 갖게 된 상징물들이다. 이 물건들은 그리스 신들에게서 온, 신적 능력의 자취들이다.

굴복의 팔찌는 과거의 예속, 즉 헤라클레스에게 [아마존 여왕의 허리띠를] 빼앗겼을 때의 상징인 동시에 제우스의 방패로 만들어졌고 그 방패에서 보호의 위력을 끌어오기 때문에 해방을 상징하기도 한다. 진실의 올가미는 히폴리타의 허리띠로 만든 것으로,

한때 헤라클레스가 훔쳐갔으나 아마존 부족으로 돌아온 후 아테나의 마법으로 누구든 이 올가미에 걸려든 자는 진실만을 말하게 되었다. 금빛 티아라는 부메랑으로 쓰이는데 슈퍼맨의 살갗도 베어내는 위력을 지녔다. 헤르메스의 샌들은 원더우먼의 이동 속도를, 아틀라스의 장갑은 그녀의 힘을 증폭시킨다.

테미스키라의 다이애나는, 여자아이가 엄마나 다른 여성의 옷을 놀이 삼아 입어보면서 자신을 여성으로 상상하고 구축하듯이, 마법의 표장들로 무장함으로써 원더우먼이 된다. 그리고 이 물건들은 힘을 지닌 여성에게서 왔다는 점에서 특별한 가치를 띤다. 그것들은 다름 아닌 신들에게서 왔다. 정신분석학은 이런 사물을 '물신'이라고 부른다. 처음에 신들의 능력, 즉 남근적 힘과 관계가 있었다가 물신이 된 그것들은 착용하는 이에게 힘을 주었다. 이 물건들에 힘을 주는 것이 욕망의 작용 범위도 부여한다.

아마존들의 경합에서 승리한 여성은 이 표장들을 보란 듯 착용하고 원더우먼의 칭호를 얻는다. 원더우먼의 모험 이야기 속에서는 다른 여성들도 다이애나와 같은 역할을 맡게 될 것이다. 이렇듯 원더우먼이 여기서 우리에게 가르쳐 주는바, 여성성은 남근적 표지의 전달에 관한 문제다. 그 표지들이 권력을 구성한다는 의미에서, 여성들도 그 표지들을 적극적으로 손에 넣음으로써 여성의 역능과 욕망을 만든다. 남근적 단계는 남자아이와 여자아이 모두에게 공통되므로 상징은 오직 하나, 자신을 여성 혹은 남성으로 위치시키기 위한 이원적 요소로서의 남근뿐이다. 남성은 자신을 남성 쪽에 위치시키기 바라고 그럴 수 있기 위해 이 역능의 상징을 가지려 한다. 여성은 이 상징에 대하여 다른 방식으로 위치하고 그로부터 자신을 더 잘 빼내기 위해 물신적 대상들을 착용한다. 하나의 상징이 모든 남성과 모든 여성의 방향을 결정한다! 남근적 상징은 이렇듯, 북쪽을 가리키는 나침반의 바늘처럼 항상 남성적 요소를 가리킨다. 원더우먼은 대조와 구별을 통하여 여성성이 다른 존재 방식으로 제시하는 것에 대한 단서들을 제공한다.

사실, 원더우먼은 이 표지들로부터 힘을 계승했지만 완전히 그렇게만 소급되지는 않는다. 슈퍼히어로들은 온전히 능력을 떠안는 반면—가령 샤잠은 여섯 신 혹은 영웅의 능력을 얻고서 자신을 그 신들과의 관계를 통해 정의한다. 그의 이름 자체가 그 여섯 명의 이름 이니셜이 합쳐져서 만들어진 것이다—원더우먼은 능력을 유산으로 장착한다. 그녀는 주체로서 이 힘의 논리에 참여하지만 완전히 그 논리에 위치하지 않고 완전히 그것으로 소급되지도 않는다. 그녀 안에는 더 큰 역능, 대타자 역능이 있고 그 역능은 여성성이 위치하는 대타자 주이상스와 연결된다.

그렇지만 원더우먼은 스칼렛 위치나 피닉스와 달리 이 힘에 추월당하지 않는다. 이 전달의 사물들이 그 힘을 제어하고 저지한다. 우리는 원더우먼의 모험 이야기를 통해서 그녀가 착용하는 팔찌가 제우스에게서 유래한 신적인 힘을 구속하는 역할도 한다는 것을 알았다. 이 사실은 원더우먼을 아버지와의 관계에 위치시키는 동시에 모성적 존재의 전달 속에 위치시킨다.

아버지가 현실에 부재하지만 모성적 존재가 전달을 담당한다는 사실은 복잡한 가족 구성 속에서 부모의 유산을 통해 자기 위치를 파악하는 데 어려움을 겪는 주체들의 목표를 시의성 있게 밝혀준다. 원더우먼은 성 정체성이 어떻든 간에 문제의 복잡성, 자신을 남성 혹은 여성 쪽에 위치시키는 방식을 가리키고 그로써 자신의 이야기 속에서 방향을 잡게 해준다. 설령 그 이야기가 낙원 같은 섬으로 요약되지는 않더라도 말이다.

임상적 설명: 분리와 전달

여성 쪽에 위치하기가 전달을 통해서 이루어진다는 생각은 심리치료의 여러 상황에서 나타난다. 어린 여자아이들과 소녀들은 한부모가정이나 이혼가정에서 어머니와 특히 가까운 관계에 있다. 이 관계는 그들을 지지해 주지만, 때때로 어머니와 분리되어 모성적 존재 아닌 여성으로서의 다른 존재 방식을 찾는 데 어려움을 초래하기도 한다.

원더우먼 이야기는 오늘날에도 대단히 시의성이 있다. 여자들로만 구성된 가정에서 자라는 것이 자기 기원에 대한 이야기의 전달을 방해하지는 않는다! 아버지든 동성의 다른 부모든, 나아가 입양이나 인공생식에 의한 출산이든, 제3자는 언제나 있게 마련이다. 기원 이야기의 구성에는 외적인 것이 반드시 개입한다는 얘기다.

아마존의 여왕 히폴리타는 사실 어찌 보면 다이애나를 낳기 위해서 신들의 지원에 따른 인공생식을 동원한 셈이다. 따라서 원더우먼은 아이를 갖고 싶다는 욕망이 제3자를 통하여 거둬들인 결실이다. 이 제3자는 현실에 부재하지만 그렇더라도 아이의 정체성 수립에는 중요하게 작용할 것이다. 다른 한편으로, 그녀는 어떤 결여가 닥치게 내버려 두었기 때문에 나중에 원더우먼이 되느냐 마느냐라는 가능성을 두고 스스로 결심을 하게 된다. 기회가 눈앞에 나타났을 때 다이애나는 자신을 원더우먼으로서, 여성으로서 구성하기 위해, 다른 지표들을 찾으러 다른 곳으로 떠날 수 있었다. 그녀는 고향 섬과 아마존의 유산을 간직하면서도 자신의 기원과 자신에 대한 새로운 진실을 찾아서 세상을 두루 탐색한다.

이것은 자기정체성을 찾는 소녀와 젊은 여성에게서 볼 수 있는 도정이다. 그들은 모성적 존재에 매몰되어 우울증이나 분노에 빠질 위험을 피하기 위해 어떤 분리 양상을 찾는 동시에 어머니가 전달한 것을 이어받고, 자기 인격과 경이로운 특이성을 만들 수 있는 어떤 서사를 찾는다. 원더우먼은 여성이 대번에 존재하지 않는다는 것을, 남성성 모델이 존재하는 것처럼 여성성 모델이 존재하지는 않는다는 것을 보여준다. 또한 이 인물은 여성성의 이름들 중 하나인 결여가, 외부로 열려 있는 것, 지나가는 것 속에 있고 신화적이거나 종교적인 존재들로부터 전달된다는 것도 보여준다. 자신의 여성성을 탐색하는 젊은 여성들과 마찬가지로, 원더우먼은 타자들과 연결되지만 타자들과 혼동되지는 않는 진실을 제안하는 문제의 중심에 공허가 있음을 인식한다. 여성성의 한 면은 이렇듯 힘을 주는 근원적 결여에 있을 것이다. 자신을 타자들과 연결하되 다양하고도 특이한 방식으로 그 결여를 구현하는 방식을 찾는 힘. 그것이 여성성 쪽에 자기 방식으로 위치하는 모든 주체에게 중요한 관건이다.

알고 있었나요?

아마존들의 피난처이자 원더우먼의 고향인 테미스키라섬은 〈진실〉이라는 에피소드(《원더우먼 리버스 #13-20》[2016-2017])에서 환영에 불과한 것으로 밝혀졌다! 다이애나는 쇼크 상태에서 런던의 한 병원에 수용되었다가 겨우 회복을 하고 고향 섬을 찾아 떠난다. 그 섬은 비록 우리 세계에는 존재하지 않지만 다른 곳에 있다. 이 에피소드에서 원더우먼은 가장 큰 도전 과제 중 하나인 환상, 혹은 정신분석학적으로 차폐 기억에 해당하는 것에 직면한다. 차폐 기억은 실제 추억의 조각들로 재구성된 추억이다. 정신분석학은 주체의 진실을 차폐 기억으로 정의한다. 이 진실은 당연히 객관적 진실과 다르다. 원더우먼은 진실이 산산조각 났을 때 이러한 재구성을 경험한다.

슈퍼 자아이상,
슈퍼 초자아, 슈퍼 이드:

우리의 무의식에 존재하는
슈퍼히어로적 삼위일체

슈퍼히어로들은 이드, 초자아, 자아이상 같은 무의식적 단위들을 어떻게 보여주는가? 망토와 가면 사이에서, 슈퍼히어로들은 우리의 무의식이라는 환영지대에 대해 무엇을 말하는가? 슈퍼맨의 자아이상부터 원더우먼이 구현하는 초자아를 거쳐 배트맨의 이드까지, 우리에게 친근한 슈퍼히어로들은 무의식적 단위들의 다른 이름이다. 그들은 언제나 끊이지 않는 내면의 대화에 들어간다.

정신에는 다양한 '인물들'이 산다. 그 인물들은 역할을 나눠 맡고 무의식의 이야기들을 구성하며 우리도 모르는 사이에, 혹은 몽상 속에서 우리의 사유와 행동을 이끈다. 슈퍼히어로들이 독자들에게 그토록 큰 호응을 얻은 이유는 그들이 나타내는 것, 그들이 시간의 흐름에 따라 결국 구현하게 된 것이 어떤 면들로 굳어졌고 우리는 저마다 거기서 자신의 일부를 알아볼 수 있기 때문이다. 친근한 동시에 새롭고, 낯선 동시에 가까운 자신의 일부이기에 슈퍼히어로들의 이야기가 마치 자기 이야기처럼 다가오는 것이다. 만화의 칸과 코스튬을 넘나들며 분신술을 쓰는 이 캐릭터들이 새로운 태피스트리, 즉 무의식의 태피스트리를 짠다. 가면을 쓴 정체들, 상징이 박힌 코스튬들, 땅을 박차고 날아오르거나 어둠 속 슈퍼히어로를 감싸는 망토들 사이에서 관객의 눈앞에 펼쳐지는 것은 각 사람의 역할이다. 거울에 비친 자신을 문득 발견한 것처럼 그 모습은 친근하면서도 낯설고 불안하기까지 하다. 우리의 정신구조가 언제나 전개 중인 코믹스라면, 슈퍼히어로들은 이상화된 자아, 숨어 있는 충동, 혹은 개인적 검열관이라는 한 면을 맡은 주역들일 것이다. 무의식의 심급들을 잘 나타내는 슈퍼히어로들을 통해서, 우리 정신구조의 그 심급들을 한번 살펴보자.

슈퍼히어로적 자아: 이중 전선의 보호자

슈퍼히어로들은 고전적으로 외부의 위협으로부터 세계(어느 한 구역, 도시, 나라, 혹은 지구 전체)를 수호하는 자로서 나타난다. 그들은 때때로 어떤 신호로 위험을 감지하고 구조에 나서기 위해 달려간다. 정신구조에서 일어나는 일도 이와 비슷하다. 프로이트는 《정신분석학 개요》 여덟 번째 장 〈정신 기관과 외부 세계〉에서 이렇게 썼다. "자아는 불안 감각을 자신의 본래 모습을 위협하는 위험의 신호로 이용한다." 자아는 배트시그널을 갖춘 것처럼 항상 외부 위협에 경계 태세로 있다. 프로이트는 또 이렇게 썼다. "기계적 힘들 속에서 자기를 유지하려는 자아에게 위험은 일차적으로 외부 현실에서 오지만 위험이 여기에서만 오는 것은 아니다."

이렇게 자아는 마치 슈퍼히어로처럼, 자칫 일어날지도 모르는 혼돈에 맞서 기계적 힘들의 유지에, 다시 말해 건강한 활동에 힘을 쓴다. 그렇지만 프로이트는 위협의 본질에 대해서도 자세히 말한다. 그 위협은 서로 다른 두 전선에서 발생하며, 바로 그곳으로 슈퍼히어로는 소환될 것이다. "자기 자신의 이드가 두 가지 서로 다른 이유에서 위험의 원천이다, […] 둘째, 그 자체로 참을 수 없는 것만은 아닌 본능적 욕구 충족이 외부 세계에서 위험을 초래할 수 있어, 본능의 요구 자체가 위험이 된다는 것을 자아는 경험에 의해 알게 되었을 수 있다. 따라서 자아는 두 전선에서 싸우고 있는 것이다. 자아는 자기를 파괴하려고 위협하는 외부 세계와 동시에, 너무나도 요구가 큰 내부 세계에 대항하여 자신의 존재를 방어해야 한다." 슈퍼히어로를 자아라는 심급으로 정의한다면 이 정의 자체가 그를 진정한 영웅으로 만드는 것 아닐까? 이 영웅은 외부의 적과 내부의 적이라는 이중 전선에서 싸워야 한다. 슈퍼히어로들은 이 두 전선에서 전개되는 싸움의 예를 수없이 제공한다.

스파이더맨이 특히 그렇다. 그는 외부 위험의 원인 제공자인 적들과 싸우는 동시에 자신의 의심, 의문—피터 파커의 저지당한 내적 욕망들—과도 싸운다. 배트맨 역시 혼돈의 씨를 뿌리는 범죄자들과 싸우는 중에도 수시로 자신의 트라우마와 맞닥뜨리고 그로 인해 무너지지 않기 위해 몸부림친다. 슈퍼맨도 슈퍼센스가 자신에게 계승한 것에 부응하기 위해 지구를 위협하는 사안들 중 어느 하나를 선택하여 그 현장에 평화를 수립하기 위해 동분서주하지만, 세상이 어찌 굴러가든 신경 쓰지 않고 평범하게 살고 싶은 마음에 흔들리곤 한다. 가령 디스토피아적 미래를 다룬 미니시리즈《킹덤 컴》(1996)에서 슈퍼맨은, 세상이 어지럽고 폭력적인 영웅들이 설치는데도 자신은 은퇴해서 농가에서 유유자적한 삶을 꾸린다.

프로이트는 자아에 대한 내부의 공격을 기술하면서 슈퍼히어로들의 진정한 문제를 거의 임상적으로 설명해 주었다. "자아는 이 두 적에게 동일한 방어기제를 쓰지만 내부의 적에 대한 방어는 특히 불충분하다. 자아는 이 내부의 적과 원래 동일했고 이후에도 그것과 긴밀히 공생하기 때문에 이 내부의 위험에서 도망치기가 어렵다. 이 내부 위험은 잠시 진압된다 해도 여전히 위협으로 남는다." 우리는 야성적인 울버린과 그의 반복적인 분노 발작을 떠올리지 않을 수 없다. 울버린의 적은 내면에, 그의 변이와 기원에서 비롯된 충동 속에 도사리고 있을 뿐 아니라, 웨폰 엑스Weapon X 프로그램에 의해 결코 파괴되지 않는 금속 아다만티움 골격을 이식받을 때의 트라우마에서도 기인한다. 하지만 울버린 역시 외부에서도 적을 본다. 그가 자신의 충동에 넘어갈 때 발생할 위험과 그에 대한 두려움은 세이버투스라는 캐릭터로 구현되었다. 뮤턴트인 이 적은 울버린의 다른 버전, 즉 야성적 충동에 굴복하고 쾌락 원칙을 무한정 따르는 모습, 초자아로 제어되지 못한 이드라고 할 수 있다. 배트맨의 경우, 고담시의 슈퍼빌런들은 마치 배트맨의 억압된 충동들의 표현처럼 끈질기게 나타난다. 그들은 결코 아캄 정신병원에 오래 갇혀 있지 않고 끊임없이 돌아옴으로써 다크나이트와의 친밀성을 드러낸다. 다시 말해, 이 슈퍼빌런들은 배트맨 자신의 어느 한 부분을 나타내는 것이다. 배트맨은 이 적들이 나타내는 자기 자신의 왜곡된 버전들을 제어하는 초자아 역할을 한다.

이 두 슈퍼히어로가 궁극적으로 추구하는 바는 프로이트의 한 문장으로 요약될 수 있다. 그는 《새로운 정신분석 강의》(1933)에 이렇게 썼다. "이드가 있었던 곳에 자아가 있어야 한다 Wo Es war, soll Ich werden." 의미가 응축된 수수께끼 같으면서 거의 주문처럼 들리기도 하는 문장이다. 우리는 여기서 배트맨과 울버린 같은 인물을 규정하기에 가장 잘 들어맞는 경구를 본다. 더욱이 그 둘이 자주 쓰는 "나는 배트맨이다" 혹은 "나는 내가 하는 일에서 최고다 I'm the best there is at what I do" 같은 대사도, 도래하는 나(자아)에 대한 프로이트의 경구와 맞물린다. 배트맨과 울버린은 자기도 모르게 그런 말을 프로이트의 주문처럼 되뇌는 것이다.

충동이 꿈틀거리는 그곳에 슈퍼히어로는 나타나야 한다

하지만 '나'가 곧 자아는 아니다. '나'는 자기 이름으로 말을 할 때 나타나는 정체성의 한 부분이다. 그래서 저 유명한 "나는 배트맨이다"는 자기충족적인 경구로 보인다. "나는 배트맨이다." 이것은 자기초월 차원에서, 어떤 출현의 차원에서 하는 말이다. 울버린은 타이틀 롤을 맡은 미니시리즈 《울버린》(1982)에서 자신의 짐승 같은 면, 저열한 본능과 동물적 충동을 극복한 후에 온전한 모습으로 나타나 이 말을 뱉는다. "나는 울버린이다."

이드(통제되지 않은 충동)가 있었던 곳, 자아가 있다고 생각했던 곳(울버린이 거쳐야만 했던 환상의 상실과 정체성의 회복)에 '나'가 출현했다. 그 과정을 거치고 나서 '나'가 왔다. 자기의 이 부분은 다른 것을 말할 수 있다. 비록 미니시리즈의 초반에 나온 말이지만 이 말이 그의 정체성의 신체적·정신적 박탈을 통과하도록 이끌기 때문이다.

처음 한 번은 그냥 나온 말에 지나지 않는다. 그러나 반복되었을 때는 또 다른 의미를 갖는다. 비록 이 미니시리즈는 울버린을 동물처럼 묘사하고 있지만, 그 시점부터는 후천적으로 획득한 것이 있어서 누구든 그를 부인하지 못하게 할 수 있다. 울버린은 그가 결혼하려 했던 여인의 아버지 하라다 신겐과 대결한다. 그를 사윗감으로 보지 않는 하라다 신겐은 그에게 정직과 위엄을 증명해 보이라고 요구한다. 공격적 충동에 기대어 상대를 제압하는 데 익숙했던 울버린은 신겐에게 패배하고 야수의 면모로 돌아간다. 게다가 신겐은 인간은 짐승에게 말을 하지 않는다면서 울버린에게 직접 말을 하지 않고 딸에게 말을 한다. 그는 울버린을 "동물", "사람이 아니라 사람 비슷한 모양 속에 든 짐승"으로 규정한다.

울버린은 상실, 그리고 자기가 누구인가를 다시 배우고 회복하는 과정을 거친 후에 비로소 자신의 욕망에 다가갈 수 있다. 로건이 자신의 어두운 부분을 가로질러 자신의 자리를 말할 수 있는 주체로서 출현해 "나는 있다/~이다"라고 발화하기 전까지는, 신겐이 이드의 범람을 방해하고 구속하는 초자아처럼 등장한다. 충동이 꿈틀거리는 그곳에 슈퍼히어로는 나타나야 한다.

무의식 속의 슈퍼히어로적 삼위일체: 자아이상, 이드, 초자아

여기 예상 밖의 새로운 삼위일체가 있다. 슈퍼히어로들이 우리 안의 무의식적 요소들을 직접적으로 건드린다는 점을 감안하면, 이렇게나 슈퍼히어로들이 많은 이유는 그들이 모두 동일한 요소를 환기하지는 않기 때문이 아닐까. 프로이트는 무의식이 어떻게 작용하는지 설명하기 위해 정신의 네 가지 심급을 구분했다. 그는 〈자아와 이드〉(1923)에서 자아, 이드, 초자아, 자아이상이라는 네 개의 상을 제시한다. 이 위장된 네 가지 정신적 심급은 저마다 고유성을 지니고 상호작용을 하거나 서로 결합하여 주체에게 다양한 효과를 일으킨다.

우리는 이미 자아를 살펴보았고, 다양한 정신적 심급들의 싸움 중심에서 자아가 마치 슈퍼히어로처럼 내적 충동과 외부 위협에 맞서 싸운다는 것도 알았다. 내적 충동과 외부 위협은 이드라고 하는, 혼돈을 낳는 심리적 장소의 이중 공격에 해당한다. 우리는 슈퍼히어로들이 자아와 이드 사이의 조절 심급을 나타낸다는 것도 보았다. 이러한 조절은 혼돈을, 충동의 범람을 피하기 위하여 만족 상태를 출발점으로 되돌린다. 사회의 발전을 가져온다기보다는 항상성恒常性, 다시 말해 처음의 중립 상태로 되돌려놓는다는 점은 슈퍼히어로들의 특징적 요소다. 극심한 쾌감도 없고 극심한 불쾌함도 없는 상태. 일부 슈퍼히어로 이야기에 예외가 있긴 하나, 대부분에는 이 폭넓은 합의가 적용된다. 그러므로 슈퍼히어로가 이 초자아라는 무의식적 심급을 지니고 있다는 생각은 유효하다.

나중에도 살펴보겠지만, 이 차원을 넘어 자아를 제외한 나머지 세 심급도 좀 더 자세히 들여다보는 것이 흥미롭겠다. 자아이상, 초자아, 이드는 우리에게 슈퍼히어로들에 대해서 밝혀준다. 이 프로이트의 삼위일체에서 최초의 슈퍼히어로 삼위일체(슈퍼맨, 원더우먼, 배트맨)까지는 한 발짝 차이일 뿐이고, 우리는 그 한 발짝을 내딛기만 하면 된다.

슈퍼맨과 자아이상

자아이상은 이상적 자아가 아니다. 슈퍼맨과 프로이트, 그다음에는 라캉이 이 사실을 우리에게 가르쳐주었다. 자아이상은 주체의 전능성이 정신적으로 표현된 것, 자아가 자기를 초월해 영웅적 환상의 장소인 이상적 자아를 거울 속에서 찾게 해주는 참조기준이다. 자아이상은 승화를—충동을 세련되고 명예로운, 나아가 영웅적인 목표로 변화시킬 것을—요청하지만 그것을 완력으로 얻어내지는 못한다.

자아이상의 형성은 부모 이미지의 이상화를 토대로 삼는다. 실제 부모가 아니라 부모의 이상화된 버전 말이다. 부모를 직접 접해보지도 않았고 이상화된 이미지만—우주선의 요람에 남겨진 가르침들과 고독의 요새에서 보았던 이미지들을 통해서—물려받은 개인보다 이 자아이상을 더 잘 구성하고 구체화할 수 있는 사람이 있을까? 이 과정은 다른 방향으로도 작용한다. 부모가 자신들이 재발견한 이상적 자아를 아이와 동일시하는 바람에 아이가 일찍부터 어떤 역할을 연기하는 것이다. 다시 말해, 부모가 되면서 그들의 모든 자기애적 열망이 태어나고, 아이는 그들의 영웅적 환상과 욕망의 도가니가 된다. 아이는 부모의 이상적 욕망에서 자신의 자아이상을 구성할 재료들을 찾을 것이다. 그때부터 시나리오는 이렇게 흘러간다. "그는 부모가 이루지 못했던 것을 이뤄낼 것이다. 그는 아버지 대신 위대한 인물, 영웅이 될 것이다." 프로이트는 《성생활》[14]에서 그렇게 썼다. 마치 슈퍼맨의 기원 이야기를 미리 읽어보기라도 했던 것처럼!

이제 우리는 여기서 아버지가 실패한 일, 즉 자기 행성과 그곳 사람들을 구해내는 일에 대한 아이의 소망을 발견한다. 칼-엘/클라크 켄트의 기원은 이렇게 슈퍼맨과 자아이상의 탄생을 이야기한다. 그 신화적 장면은 한 아이에게 이식된 모든 욕망과, 아이가 부모의 이상화된 이미지로 간직하게 될 것을 보여준다. 그 둘 사이에서 구현되고 살아 숨 쉬는 자아이상은 슈퍼히어로의 가슴에 인장을 찍는다. 그래서 슈퍼맨은 자기 몸으로 이 동일시의 자취를 드러낼 것이다. 그리고 이 근원적 동일시를 통하여 슈퍼맨

---

14 [옮긴이 주] 프로이트의 저작 중 이러한 제목으로 나온 책은 없다. 다만, 프로이트가 인간의 성에 대해 쓴 여러 편의 글들을 묶은 단행본이 'La vie sexuelle' (성생활)이라는 제목으로 1969년 프랑스에서 출간되었다. 이 책의 저자는 해당 책을 참고하여 이렇게 적은 것으로 보인다.

역시 자아이상의 화신으로 변할 것이다. 마치 끊임없이 전능한 자아의 장면을 연기하는 어린아이처럼. 이 때문에 슈퍼맨은 인간들의 운명에 미리부터 주도적으로 개입하지 않고 그 밖에 머문다. 그는 영감을 불러일으킬 뿐 제약하지는 않는 자아이상 역할이기 때문이다.

그보다 노골적인 개입의 위험은 프로이트가 《집단 심리와 자아 분석》(1921)에서 기술한 바 있다. 모두가 그 이상을 자기와 동일시하게 하는 집단 최면의 위험이 그것이다. 프로이트는 실제로 개인 심리와 집단 심리가 같은 방식으로 작동하고 개인이나 집단이나 정신구조의 설계는 비슷하다고 보았다. 슈퍼맨은 그 점을 잘 보여준다. 그가 자아이상을 나타낸다면 집단적 최면이나 집단적 애정 상태로 빠지는 성향은 위험이 된다. 그렇기에 슈퍼맨은 영감을 줄 뿐 영합하지 않는 존재로 남기 위해 행동의 선을 넘지 않는 편을 택했다. 이상적 존재에서 우상으로의 은밀한 미끄러짐은 실제로 고전적 버전의 슈퍼맨이 구현하는 일종의 균형점이다.

슈퍼맨의 평행세계 버전들, 가령 슈퍼맨이 러시아에 착륙한 버전(《슈퍼맨: 레드 선》, 2003)이라든가, 가치관이 역전된 지구에서 울트라맨이라는 이름으로 활동하는 버전 속 슈퍼맨의 아바타들은 어이없을 만큼 흔쾌히 권력을 휘어잡는다. 슈퍼맨이 종교적이자 군사적인 인물이 될 수 있다는 것이 얼마나 위험한지 볼 수 있을 것이다. 사실 자아이상의 기능은 개인적 수준에서 사랑 혹은 최면의 상태에 빠지게 하는 것이다. 그래서 자아는 자아이상 앞에서는 모든 의지를 양보하고 자신의 감정, 사유, 결단의 열쇠를 내어준다. 프로이트는 집단 수준에 대해서 동일한 분석을 내놓는다. 그는 군대와 교회가 리비도를 고착시키는 두 공간이라 보았다. 다시 말해, 어떤 이상에서 출발하는 이 두 공간은, 이성적이고 자율적으로 집단을 판단하는 주체의 능력을 떨어뜨린다.

최면 혹은 사랑에 빠진 주체가 이성적 사고 능력이나 판단력을 제대로 발휘할 수 없듯이, 군중도 이상화된 심급을 대할 때는 이성적으로 반응하지 못한다. 프로이트는 군대와 교회가 바로 이 지점에 개입한다고 보았다. 이것들은 개인의 정신구조에게도 그렇듯이 방어기제다. 정신분석가는 자아에 대한 군대와 교회의 역할을 단순하면서도 투명하게 위치시킨다. 둘 다 부모처럼 보호와 사랑을 앞세운다. 둘 다 개인적 혹은 집단적 자아가 두려워하는 효과에 맞서 싸운다. 군대가 두려워하는 효과는 공황 혹은 패주이고, 교회가 두려워하는 효과는 종파주의 혹은 불관용이다. 그리고 그것들은 모든 방어기제가 그렇듯 적에게 무너질 수 있다.

프로이트는 리비도를 고착하고 군중을 하나의 이상을 중심으로 조직하는 심급의 예로 교회와 군대를 들었지만, 그러한 원리는 일반적으로 국가의 모든 이데올로기 기관에 적용될 수 있다. 이 기제들은, 그 효과는 가시적일지라도 기본적으로 무의식적 원동력에 따른다. 이렇듯 슈퍼맨이 인류를 위해 일하는 우상이 되지 않으려 애쓰고 하나의 아이콘으로서 길을 보여주는 존재로 남는 이유는, 무엇보다 우상숭배의 이데올로기적 경향에 저항하기 위해서다. 군중을 위한 자아이상이 된다는 것은 슈퍼맨에게 모여 있는 힘조차 훨씬 뛰어넘는 능력을 부여하는 것이다. 이것이 사람을 리더, 상징, 이데올로기적 도구, 정치적 매개물—이 단어의 문자적 의미에서—로 만든다. 그는 군사적 수장(전제군주)이 되든가 신비사상의 지도자(그리스도 같은 존재)가 될 것이다. 그 둘은 일방적으로 자아이상에 부응하는 자아처럼 기능함으로써 군중의 환상에 답하고, 어떤 방향을 가리키기보다는 자기를 자기가 구현하는 역할로 착각할 것이다. 자아이상은 하나의 방향을 가리키지만 이것이 다다라야 할 이상을 구현한다면 숭배받는 존재가 되어버린다. 다다라야 할 이상을 적극적으로 구현하고 우상으로 변하기보다는, 슈퍼맨처럼, 그 이상을 나타내기만 하는 것이 중요하다. 이것이야말로 보이지는 않지만 슈퍼맨의 가장 중요한 초능력이다.

이렇듯 슈퍼맨이 나타내되 구현하지는 않는 이 자아이상은 슈퍼히어로가 이상으로 존재하는 동시에 이상으로 존재하지 않도록 해준다. 그로써 외계인인 슈퍼맨은 주체들을 그들의 것이 아닌 프로젝트에서 소외시키거나 억누르는 것을 피하고 그 주체들이 스스로 성장하게 이끌 수 있다. 그러한 출현에서 정치적(국가적) 프로젝트가, 어떤 문명이 단련된다. 지구 문명을 대신하는 크립톤 문명이 아니라 인류 최선의 문명이. 슈퍼맨은 자아이상으로서 이 프로젝트의 싹을 품고 개인들이 하늘을 바라보면서 각자의 이상을 투사하게끔 이끈다. 라캉은 무의식이 정치이기도 하다고 했다. 주체들을 그들 자신의 충동대로 움직이게 하는 것은 무의식에서 도출되고 열망으로 승화된 문명 프로젝트, 정치적 프로젝트에 반영된다.

배트맨과 이드

프로이트는 《새로운 정신분석 강의》(1933)에서 이드에 대해서 이렇게 말했다. "우리는 그것을 혼돈이라고 부르기도 하고, 들끓는 흥분으로 가득한 솥단지라고 부르기도 한다. […] 이드는 충동들로부터 나온 에너지로 채워져 있다. […] 이드에는 시간적 개념과 부합되는 것이 없고, 시간적 경과에 대한 표지도 없다. […] 이드 밖으로 결코 떠오르지 못했던 욕망들은 […] 언제라도 발현될 수 있는 잠재력을 지닌 불멸의 것으로서 오랜 세월이 지난 후에도 그대로다." 배트케이브에 들어앉은 배트맨을 이보다 더 잘 묘사할 수 있을까? 그는 추억의 그늘 속에 처박힌 채, 충족되고자 하는 충동을 안고 혼돈 속에서 살아간다. 시간의 흐름을 알 수 없는 동굴 속, 사건들의 상흔은 고스란히 남아 있고 상징 하나하나는 끝없는 꿈만 같다. 배트맨은 무의식의 이 부분에서 살아가는 인물이다. 이드는 그의 영역이고 그는 거기서 끊임없이 자신의 자아를 마주한다. 프로이트는 《비전문가 분석의 문제》에서 신경증은 자아와 이드의 갈등에서 빚어진 결과로 정의된다고 했다. 이 끝없는 갈등에서 배트맨의 신경증이 명확하게 드러난다.

배트맨의 적들과 배트케이브—유물의 장소, 박물관을 나타내는—의 시간을 초월하는 면은 이드에 대한 프로이트의 설명과 맞물린다. "이드 밖으로 결코 떠오르지 못했던 욕망들"은 잠재적으로 결코 죽지 않고 세월이 흐른 후에도 그 모습 그대로다. 배트맨은 필연적 변화를 겪지만 불변적 요소들은 그의 끈질긴 적들처럼 남는다. 그의 배트케이브도 일시적 예외가 더러 있을 뿐, 변화에도 불구하고 늘 남는다. 자기들도 어떤 기능을 한다고 큰소리치는 그의 적들처럼, 배트케이브는 끊임없이 되돌아온다. 조커, 투페이스, 미스터 프리즈, 펭귄 일당은 배트맨이 맞서 싸우는 충동적인 면을 구현하면서 쉴 새 없이 되돌아온다. 배트맨적 자아는 이드의 충동과 끊임없이 싸우는 자아다. 이 싸움은 결코 끝나지 않는다. 배트맨은 깊은 곳으로 내려가 자기 자신의 반영인 적들의 무질서한 충동과 갈등을 일으킨다. 그는 그것들을 아캄 정신병원으로 보내어 현실에 적응시킨다. 요컨대 이 정신병원은 억압에 해당하는 셈이다. 프로이트는 "자아는 특히 내용을 종합하고 정신적 과정을 요약하고 균일화하려는 경향으로써 이드와 구분된다. [...] 자아는 본능의 지각에서 출발해 본능을 지배하는 방향으로 발달한다"고 했다. 배트맨은 이드의 혼란스러운 심연과 외부 세계에 적용하는 지배 사이를—추론과 컴퓨터의 도움을 받아—왔다 갔다 한다. 자아는 그 기능 때문에 외부 세계를 관찰해야 한다고 프로이트는 말했는데, 배트맨이 바로 이 경계를 게을리 하지 않고 지켜보는 자의 역할을 담당한다.

그러나 배트맨에게서 자아와 이드가 만나는 지점을 프로이트는 자세한 예를 들어 설명한다. "자아와 이드의 관계는 기수와 그 말의 관계에 비교될 수 있다. 말은 운동에 필요한 에너지를 제공한다." 여기서 기수 대신 배트맨을, 말 대신 조커를 집어넣으면 그들의 상호의존적 관계를, 그들이 하나의 전체에서 각각 어떤 부분임을 이해할 수 있을 것이다. 프로이트에 따르면 자아는 "이드에게서 에너지를 끌어오고", "보전되거나 버려진 대상들과의 동일시"를 통해 그 에너지를 포착한다. 브루스 웨인의 배트케이브를 보면, 거기에 쌓여 있는 물건들, 그가 복수의 길에서 마주쳤던 순간과 전투의 유물들은 충동의 보물창고 역할을 한다. 그 물건들의 가치는 배트맨을 충전시키는 배트케이브의 역량으로 이렇듯 직접 설명된다.

원더우먼과 초자아

이드와 자아이상 사이에서 대사 역할을 하는 정신적 심급은 초자아다. 초자아는 부성적 초자아의 후손으로, 좋고 나쁨을 지시하는 내면의 법이다. 초자아는 충동이 득시글거리는 이드를 방해하고 주체가 다다르고자 하는 이상으로 가는 길을 열어준다. 무의식의 그 두 표현 사이에서 균형을 유지하기 위해 힘쓰는 것 또한 초자아다.

초자아는, 집단에서는 그 상태 그대로 받아들여질 수 없는 이드의 충동과 개인이 그 상태로는 다다를 수 없는 자아이상 사이에서 돌파구를 찾으려 애쓰는 진정한 대사다. 영화 〈배트맨 대 슈퍼맨: 정의의 새벽〉(잭 스나이더 감독, 2016)에서 배트맨과 슈퍼맨 사이에 상륙하는 인물은 원더우먼이다. 피차 경쟁의식 외에는 아무것도 없는 둘 사이에 이 슈퍼히로인이 버티고 서서 그들과 삼위일체를 이루게 되는 것은 결코 우연이 아니다.

프로이트에 따르면 문명의 진전은 자아 형성의 토대에 있는 과정들과 동일한 과정들을 요구한다. 그 과정들의 발달은 외적 현실과 내적 현실에서 오는 긴장을 관리하는 능력에 근거한다. 원더우먼은 그 탄생에서부터 아마존 세계와 남성 세계를, 이상적 장소인 낙원과 야만의 장소인 인간계를 연결하는 역할이었다. 원더우먼에게 헌정된 코믹스 제목 〈진실의 영혼〉(2002)이 시사하듯 이 슈퍼히로인은 승리하는 진실의 정신을 나타낸다. 그리고 이 승리는 두 가지 요구와 함께 검토되어야 한다. 한쪽에는 강제의 필요가, 다시 말해 충동이 야만적 소란으로 넘쳐흐르지 않도록 구속하는 초자아의 요구가 있다. 다른 쪽에는 리비도적 만족의 가능한 표현이 있다. 초자아는 이드의 충동들과 자아이상의 목표들 사이를 매개하는 일종의 인터페이스처럼 정신적 수준에 위치해 있다. 이 심급은 충동을 조절하고, 억누르며, 받아들여질 수 있는 표현 방법을 찾으면서 자아이상이 표현될 수 있도록 마음을 쓴다. 아마존들의 낙원과 남자들의 지옥 사이에서, 슈퍼맨과 배트맨 사이에서, 원더우먼은 필요하다면 처벌을 내리고 정신이 성숙해졌다면 보호자 역할을 하는 초자아 노릇을 한다.

초자아가 이드의 충동들과 자아이상의 목표들을 다루는 것처럼, 원더우먼은 때로는 배트맨 편에 서되 그에게 도전하듯 굴고 때로는 슈퍼맨 편에 가서 그에게 도전한다. 원더우먼은 세상의 다양한 힘과 영향력 사이의 조화를 수립하기 위해 싸우는 초자아적 슈퍼히로인이다. 개인을 관통하며, 개인에 대해서, 개인의 안에서 작용하는 힘과 영향력이 존재하는 것처럼 세상에도 그런 힘과 영향력이 있다.

더욱이 원더우먼의 탄생은 그 배경이 되었던 현실, 세 사람 사이의 관계라는 문제에 맞닿아 있다. 심리학 교수였던 마스턴 박사는 자신의 실제 삶에서 영감을 얻어 이 캐릭터를 창조했다. 윌리엄 몰턴 마스턴과 그의 아내 엘리자베스는 오래전부터 인간 행동의 어두운 면에 관심이 많았다. 엘리자베스 역시 명석한 심리학자였으나 당시의 여성 차별 때문에 하버드 교수직을 얻지 못했다. 여기에 윌리엄의 조교였던 올리브 번이라는 여성이 들어와 삼자 연애 관계를 맺는다. 그들은 역할극, 은밀한 경험, 사도마조히즘 행위를 함께 즐겼다. 이 특별한 관계가 원더우먼의 탄생에 지대한 영향을 미쳤다. 원더우먼의 생김새는 올리브 번과 비슷한 데가 있었고, 아마존의 진실의 올가미도 성적 성향을 나타내는 일종의 도치된 기념물과도 같다. 또한 진실의 올가미는 마스턴 박사가 개발한 거짓말 탐지기와도 연결될 수 있을 것이다. 요컨대, 이 올가미는 성적 의미와 지적 의미를 모두 내포할 것이다. 이처럼 탄생 배경부터 원더우먼은 삼자관계의 결실이었고, 그 관계에는 성 충동과 인간 정신의 어두운 면을 밝히겠다는 마스턴 부부의 이상이 작용하고 있었다. 집단 초자아는 이 부부의 일과 평판을 차례차례 공격할 터였다.

초자아는 도덕적 마조히즘을 불러일으켜 자기 자신을 정신적으로 괴롭히게끔 몰아가므로 자아를 힘들게 한다. 심판관 노릇을 하면서 공격적 충동을 자기 쪽으로 돌리는 것이다. 초자아는 자아에게 모질고 가혹하며 무자비하다. 초자아는 자아를 승리하는 진실로 인도하기 위해 늘 자기 감시 아래 두고 진실의 올가미로 옥죈다. 초자아가 진실을 알고 있기 때문에 자아는 그 앞에서 거짓말을 할 수도 없고 빠져나갈 수도 없다. 초자아는 자아가 죄책감에 시달릴지라도 무조건 진실을 인정하게끔 압박한다. 죄책감은 그 본성상 자아의 충동을 억제하고 자아가 다시금 저 높은 자아이상을 쳐다보게 하기 때문이다.

자아에 대한 초자아의 압박은 처벌에서 쾌감을 느끼는 자기성애적 급부를 낳는다. 그래서 자아와 초자아라는 두 심급은 사도마조히즘에 동력을 제공하는 이인조를 결성한다. 원더우먼에게서 빼놓을 수 없는 구성 요소가 여기에 있는데, 이 요소 또한 이중적이다. 원더우먼은 남성이 이드의 공격적 충동을 떠안는 한이 있더라도 절대적 명령을 직시하게 하지만, 그로써 어떤 성애적 긴장을 낳는다. 이 긴장이 주체를 전煎오이디푸스적 단계의 마조히즘으로 돌아가게 하므로 그는 올가미로 대표되는 처벌과 고문에서 주이상스를 얻는다. 원더우먼은 이처럼 사령관과도 같은 존재, 명령하는 초자아인 동시에 본래의 에로티즘이 그 발생 단계에 머물러 있는 인물이요, 그녀의 초자아적 힘이 바로 여기에서 나온다. 애초에 그녀는 남자들의 세상에 영감을 주기 위해 어머니의 손과 숨에서 태어나지 않았는가.

정체성의 위기

슈퍼히어로들이 자기 정체를 비밀에 부친다는 점은 누구에게도 비밀이 아니다. 판타스틱 포 같은 일부 예외가 있기는 하나, 대체로 이들은 슈퍼히어로라는 정체성과 민

간인으로서의 정체성이 따로 있다. 그래서 그들 모두 그렇게나 정신적 분열에 시달리는가? 프로이트는 이 질문에 말풍선 속의 의성어 비슷한 단어로 대답한다. "Spaltung!" 이 단어는 '분열', 즉 갈라짐, 분리, 두 갈래로 나뉨이라 해석할 수 있다. 슈퍼히어로와 슈퍼히로인에게도 인간과 마찬가지로 내면의 대화를 나누는 무의식의 서로 다른 심급들이 있다면 당연히 정체성도 균일한 통짜의 개념이 아니라 이 정신적 심급들이 결합한 결과일 것이다. 슈퍼히어로들의 초능력은 그들의 기원(핵폭발, 우주, 유전자변이, 기계, 로봇, 신체, 생화학, 마법 등등)뿐만 아니라 바로 이 결합에서도 온다. 그 이유는 이 균열이 그들의 인격과 세상에 대한 접근을 정의하고 그들의 윤리적 방향, 두 개의 정체성을 사는 방식까지 정의하기 때문이다.

슈퍼히어로는 그가 공공연히 드러내는 것을 통하여 무의식의 한 장소를 나타내지만 그에게도 내밀한 부분은 있고 그 부분은 주로 성적인 것이다. 성은 가장 깊은 욕망의 방향을 잡고 리비도를 자극하며 승화에서 창조적 효과를 찾는다는 점에서 모든 주체의 숨겨진 부분이다. 여기서 말하는 성은 주체의 핵심, 주체를 근본적으로 정의하지만 중재된 표현으로만 드러나는 것을 의미한다.

이렇듯 주체는 슈퍼히어로와 마찬가지로 어떤 불투명한 부분을 간직하고, 문명은 이 사적인 부분을 보장한다. 반면, 권력은 주체에게 공개적이다. 렉스 루터나 닥터 둠 같은 슈퍼빌런들이 정체를 비밀에 부치지 않는다는 점은 이런 면에서 흥미롭다. 정신분석은 당연히 사적인 것과 비밀의 편에 있고, 그 때문에 슈퍼히어로이즘과 더욱 결탁하는 면이 있다. 전부 눈에 보이는 것은 아닌 사적인 것의 영역은 문명의 미덕을 지키기 위해 존재한다. 어디에나 보는 눈이 있는, 비밀 없는 세상은 슈퍼히어로들의 황혼을 그린 앨런 무어의 《왓치맨》, 배트맨의 어두운 미래 《다크나이트 리턴즈》(1986), 군중을 완전히 통제하는 정부에게 저항하는 수단이 테러밖에 없는 《브이 포 벤데타》(1982-1990) 등에서 볼 수 있겠다. 이 세상들에서 민주주의는 몰락하고 주체들은 불투명성을 보장받지 못한 채 가시적으로 드러난다. 하지만 지금은 'Spaltung'(분열)을 다시 들여다보자.

프로이트는 《정신분석학 개요》 중 〈정신기관과 외부 세계〉라는 소제목의 장에서 슈퍼히어로의 행동방식을 이해하는 데 중요한 지점, 즉 자아의 'Spaltung'(분열)이 지닌 성격을 알려주었다. "우리가 방금 보았듯이 자아의 분열은 그렇게 새롭거나 낯선 것이 아니다. 한 사람의 정신생활에서 특정한 행위와 관련해서 상이하고 반대되며 서로 독립적인 두 가지 태도를 채택할 수 있다는 것은 신경증의 일반적 성격이다." 이렇듯 사람은 저마다 이중적이고, 슈퍼히어로는 이러한 심리 내적 현상을 외삽하여 가시적으로 드러내 보인다. 그래서 슈퍼히어로는 이 현상의 살아 있는 화신으로서, 우리의 동일시를 불러일으키기 쉽다. 그는 우리가 일상에서 하고 있는 일을 만천하에 내보인다. 프로이트는 덧붙인다. "하지만 하나의 태도는 자아에 속하는 반면, 그 반대의 태도는 억압된 것으로 이드에 속한다." 슈퍼맨, 배트맨, 스파이더맨, 데어데블, 그 밖의 슈퍼히어로들은 주체가 심리적 분열을 통해 떠맡은 것의 위장된 표명에 해당한다. 달리 말하자면, 아무도 하나가 아니다. 모두가 분열되어 있다.

두 심리적 단위는 대립하고 분열해 있지만 프로이트는 그 단위들이 중요한 공통점을 갖는다고 지적한다. "자아가 방어적 노력으로 무엇을 시도하든, 현실적인 외부 세계의 일부를 부인하든 내부 세계의 본능적 욕구를 억누르든, 그러한 방어적 노력은 결코 완전하고 철저하지 않다." 이처럼 프로이트는 이미 1940년에 슈퍼히어로들의 영원한 투쟁에 대해서 설명해 주었다.

성공, 달리 말해 승리는 온갖 노력에도 불구하고 결코 완전하거나 절대적이지 않다. 슈퍼히어로들의 싸움은 끊임없이 재개되고 그들의 임무는 절대 완전히 끝나지 않는다. 게다가 프로이트가 결코 끝내지 못한 《정신분석학 개요》의 이미지처럼 말이다. 프로이트는 마치 우리의 슈퍼히어로들을 두고 말하기라도 하듯이 다음과 같이 쓴다. "모순적인 두 태도는 항상 나타난다. 그리고 둘 다, 둘 중에서 종속되고 약한 태도도 그것과 다른 태도와 마찬가지로 정신적 확장을 초래한다. 결론적으로 우리가 의식적 지각에 의해 알게 된 것이 이 모든 과정에서 얼마나 적은 부분인가를 덧붙여야겠다." 프로이트는 이 글을 쓴 바로 그해 1938년에 코믹스 최초의 슈퍼히어로 슈퍼맨이 탄생하여 자신이 무의식에 대해서 쓴 내용을 예증하리라고는 상상하지 못했다. 실제로 코믹스의 등장인물들은 우리가 상상할 수 있는 것 이상으로 이 분열 현상과 그 밖의 여러 가지를, 특별한 이야기들을 통해서 잘 보여주었다.

은밀한 정체성: 위협으로부터 나를 숨기다

슈퍼히어로는 슈퍼히어로로서의 정체성을 과시하면서 다른 은밀한 정체성을 유지하는데, 이 원칙의 원동력을 이해하고 싶다면 어린 주체, 즉 아직 초인이 아닌 아이의 기원으로 돌아가는 것으로 충분하다. 아이는 발달 단계에서 거세 불안에 시달릴 수 있고, 이때 아이의 정신구조는 다양한 욕망 사이의 분리, 분열을 마주할 수밖에 없는 상황에 놓인다. 우리에게는 프로이트의 〈늑대인간〉(《다섯 건의 정신분석》)이라는 유명한 예가 있다. 이 사례는 다섯 살 남자아이의 유아기 신경증을 다룬 것으로, 차분하고 얌전해 보이던 아이가 갑자기 산만하고 폭력적인 모습으로 돌변한 것이 문제였다. 프로이트는 오이디푸스 단계에 있는 이 아이가 최초의 애정 대상인 어머니에 대한 성적 욕망, 자기를 달래기 위한 자위 욕구, 유모(아버지를 나타내는 위장된 존재)에게 혼이 난다는 위협, 자신의 성기를 잃을지도 모른다는 두려움에 시달리고 있다고 분석했다. 아이는 무의식적 욕망들과 좀 더 의식적인 두려움(아버지 혹은 권위를 나타내는 인물의 처벌)에 사로잡혀 있다. 그러므로 아버지를 대하면서, 초강력 남근처럼 우뚝한 이 욕망에 대한 위협을 대하면서 아이가 은밀한 정체성 뒤에 자기 충동을 숨긴 것은 당연하다. 그게 바로 겁에 질린 얌전한 아이라는 정체성이다. 충동이 날뛰게 내버려 두거나 무의식적 환상 속으로 빠져드는 다른 아이와는 완전히 딴판으로 말이다.

어린 신경증 환자들에게는 은밀한 정체성이 태어나고 이것이 '주체의 분열'이다. 우리는 어떤 심리기제에 따라 슈퍼히어로들에게 도치가 일어나는 것을 확인할 수 있다. 슈퍼히어로적 충동의 정체성은 겉으로 드러나고, 문명화된 정체성은 사회적으로 눈에 띄지 않는다. 이 기제는 충동을 에너지로 바꾼다. 폭파하고, 거미줄을 짜고, 벽을 타고 오르고, 거인이 될 수도 있는 에너지로. 이것이 승화다. 프로이트가 1911년에 《정신적 기능의 두 가지 원칙》에서 예술가에 대해서 쓴 글을 참고하자면, 우리는 슈퍼히어로가 "현실의 요구대로 충동의 만족을 포기하는 데 적응하지 못하고 현실을 외면한 채 자신의 성애적 욕망과 야심 어린 욕망이 환상 속에서 자유롭게 펼치는 사람"이라고 할 수 있다. "그는 이 특별한 능력으로 자신의 환상을 구체화하고 새로운 종류의 현실을 만들어낸다. […] 그렇게 해서 그는 실제로 영웅이 된다." 그리고 이 상황이 최상급으로 일어나면 그는 슈퍼히어로가 된다.

위장된 해결

슈퍼히어로들은 아이의 발달과 맞닿아 있다. 아이가 자기성애 활동을 계속하고 싶다면 처벌의 위협, 페니스를 잃고 여자가 된 자신을 발견할 위험을 부인해야 한다. 하지만 그 위협을 부인하면 자신이 발견한 성차라는 현실의 근본적인 한 면을 받아들이기를 포기해야 한다. 현실은 그를 남자아이로, 더 근본적으로는 완전하지 않은 주체로 만들었다. 세상에 두 개의 성이 있다면 남자아이든 여자아이든 주체는 완전하지 않다. 포기라는 해결책은 돌파구가 되지 않는다. 주체는 자기성애적 활동을 포기할 수 없다. 자기성애적 활동은 나르시시즘을 강화하기 때문에 성적인 것 이상이다. 그렇다고 생물학적 남성으로 태어난 주체로서 성차에 대한 발견, 자신의 불완전성에 대한 발견을 포기할 수도 없다. 그렇지만 우리는 다른 돌파구들이 있다는 것을 안다. 그 돌파구들이 생물학적 성과 성 정체성을 반드시 일치시키란 법은 없다. 오늘날의 사회는 그 둘이 일치할 수 있지만 꼭 그렇지만도 않다는 것을 보여준다.

초능력을 얻은 슈퍼히어로도 이 불가능한 선택 앞에 서기는 마찬가지다. 그는 자기가 얻은 능력을 공개적으로 써야 하나 포기해야 하나 고민한다. 프로이트는 아이가 자아를 두 부분으로 쪼개게 될 것이라고 했다. 한쪽 부분에서는 마치 아무것도 발견하지 않은 것처럼—마치 초능력이 없는 것처럼—눈에 띄지 않게 행동하고 조용히 자기성애적 활동을 유지한다. 그리고 다른 쪽에서는 이성에 대한 생각, 특히 남자아이의 경우에는 페니스가 없는, 거세된 것으로 지각되는 여성성에 대한 생각에 공식적 자리를 내어주고 자신의 불안과 지각을 무의식적으로 참조하게 한다.

아이는 성기를 잘리느니 자기를 둘로 나눈다. 다시 말해, 거세의 위협을 직접 대면하기보다는 상징적으로 자기가 생식기에 투입하는 힘을 거둬들이는 것이다. 어떤 남자아이들에게는 그러한 발견이 트라우마가 남는 초능력처럼 엄습하고, 그들은 자기가 받아들일 수 있는 정신적 해결책을 만들어 낸다. 트라우마를 억압하면서 초능력은 받아들이기라는 이 해결책은 가면의 등가물이다. 가면은 슈퍼히어로의 위장된 정체성에 다다르게 하는 도구다. 슈퍼히어로는 분열되고, 자기를 서로 다른 두 부분으로 나누어 정신적 현실의 두 측면을 공존시킨다. 특히 부분적으로 억압을 풀어서 그 둘을 가로지를 수 있게 하는 요소가 있으니 그게 바로 프로이트가 말하는 'witz'(농담), 유머러스한 표현이다. 스파이더맨은 이 농담을 가장 잘 나타내는 슈퍼히어로다. 그는 죽음을 몰아내거나 억압의 가면을 살짝 느슨하게 푸는 수단으로 적들을 지나친 농담으로 상대하곤 한다. 반면, 배트맨은 기발한 장비들로 분리되어 있는 자기 삶과 자아의 두 측면을 경직된 상태로 유지한다.

이것이 밝혀주는 면이 있다. 지각 기능과 자기애적 정체성의 기능이 지나치게 분열되면, 다시 말해 슈퍼히어로의 경우 은밀한 정체성과 슈퍼히어로서의 정체성이 완전히 따로 놀면, 그 자아는 환경과 현실에 대한 적응성을—때로는 돌이킬 수 없이—잃을 수 있다. 정신병의 진전이 그런 경우다. 스파이더맨의 농담은 민첩한 그의 몸과도 같은 정신적 유연성의 자취다. 자아는 여기서 신체화 somatique 표현을 찾는다. 프로이트에 따르면, 자아는 무엇보다 신체적 자아다. 신체는 우리를 감싸고 있는 거죽으로서 정신과 외부세계 간 접촉에 하나의 역할을 하기 때문이다. 스파이더맨의 유연하고 민활한 몸은 그의 농담이 표현하는 것, 정신의 파열을 피하게 하는 유연성을 나타낸다. 반면, 배트맨의 몸은 오로지 문제의 합리적 해결에만 몰두하는 정신과 마찬가지로 그런 면을 전혀 드러내지 않는다. 스파이더맨과 달리 배트맨에게 정신병적 국면들이—특히 그의 가능한 미래 이야기들에서—꽤 많은데, 그런 점도 마치 현실과의 심리적 파열 위험을 나타내는 것 같다.

정체성 위기

슈퍼히어로들이 정신병에 빠질 뻔하거나, 자아의 분열이 어떤 모험을 계기로 그들에게 패배를 안기거나 균열을 드러나게 하는 경우는 드물지 않다. 눈먼 심판자 데어데블은 스토리 아크 〈본 어게인〉(1986)에서 삶이 철저하게 붕괴되는 상황에 놓인다. 그가 친구, 직장, 집, 심지어 은밀한 정체성까지 잃고 나자 삶은 연기처럼 날아간다. 눈먼 심판자는 거리에 나앉아 이제는 없는 이들에게 말을 거는 환영을 보고, 아무런 삶 충동 없이 싸우고, 그의 안티테제인 악당 킹핀 앞에서 체면을 구긴다. 데어데블은 자기 정신의 잔해에서 균열을 자세히 살펴본 후, 생에 의미를 주는 것을 차차 되찾는다. 그 균열은 그의 되찾은 어머니와 관련이 있다.

실제로 어머니와의 관계는 '자기 자신에게 돌아가기'에서 중요한 요소다. 그의 회귀는 특히 감각적인 요소들을 통하여 이루어진다. 물론, 이건 맷 머독 이야기다. 하지만 좀 더 파고들어가 보자. 맷은 어머니의 심장 소리를 듣고, 어머니의 숨결을 느끼고, 어머니의 냄새를 맡는다. 그는 이렇게 어머니가 차츰 형성하는 감각적 '목욕물' 속에 잠겨든다. 아기에게 엄마는 개인적 정체감을 차차 구성하게끔 감각적 경험을 한데 모아주는 사람이다. 냄새, 목소리, 그리고 조만간 시선도, 아기로 하여금 누군가가 자신을 품고 있음을, 영속적 추락 속에 있지 않음을 느끼게 해줄 것이다.

마찬가지로, 알코올중독에 빠진 토니 스타크는 자신의 후광과 회사가 영락하는 꼴을 보고 그가 잃은 아머는 나중에 영원한 친구 제임스 로즈가 회수할 것이다. 이 알코올중독은 아머를 입은 영웅의 균열을 만천하에 드러낸다. 이 균열은 신비한 이야기《병 속의 악마》(1979)에서 언뜻 드러났다. 게다가 이 이야기 속에서 아머를 입은 슈퍼히어로는 최초의 사고 이후 금속 파편들에 위협당하고 있던 자신의 심장을 회복시킨다. 이 균열은 봉합했지만 그러자 다른 균열이 나타난다. 더 일반적인, 통제력 상실이라는 균열이. 상실은 주인공의 알코올중독 성향을 통해서 나타날 것이다.

그가 만든 아머가 분열을, 이중의 정체성을 두는 지점에 토니 스타크는 신경증에 걸린 주체라면 으레 그렇듯 자아의 분열을 둔다. 이중의 정체성은 자기가 맞닥뜨렸던 트라우마를 해결하게 해준다. "나는 내가 무적이 아니라는 것을 안다. 하지만 그렇더라도 나는 무적이다." 이 이중의 자세 '나는 안다. 하지만 그렇더라도'가 주체의 분열을 표시한다. 이 분열은 어떤 사람에게서든 찾을 수 있다. 슈퍼히어로들은 이 분열을 자기들에게 친숙한 만큼 더욱 매혹적으로 부각시킨다.

'앎'과 '알고 싶지 않음'이라는 두 관념은 트라우마를 남기는 사건을 계기로 나타난 거세, 곧 전능의 한계를 막기 위해 공존한다. 거세를 맞닥뜨린 아이가 그렇듯, 슈퍼히어로는 그 사건에서 빠져나오면서 한편으로는 무적의 아머를, 다른 한편으로는 몸으로 감지될 정도의 심리적 한계를 갖게 되었다. 어쨌든 그러한 한계가 불안 상황에 맞서는 방어기제임에는 변함이 없다. 아이언맨의 아머는 통제력 회복의 시뮬라크르이지만, 토니 스타크는 몸이 따라주지 않을 수 있다는 것을, 언제고 죽을 수도 있다는 것을 감지한다. 다시 말해, 그는 근본적인 한계를 발견했다. 프로이트의 말마따나 거세 불안과 죽음 불안이 여기서 뒤섞인다. 그의 심장이 회복된 시점에서 통제력 상실은 잠행성 알코올중독으로 되살아난다. 이제 그의 심장을 건드리는 금속 파편이 아니라 그의 정신을 건드리는 술잔이, 최초의 사고에서 대인지뢰가 하지 못했던 일을 해내고 말 것이다.

다른 슈퍼히어로들에게도 정체성 위기는 드물지 않고 저마다의 균열에 따라서 다양한 모양새를 취한다. 그러한 위기는 슈퍼히어로가 가장 믿는 부분, 슈퍼히어로 노릇을 하기에 꼭 필요한 천하무적의 표시를 찍은 지점에 닥친다.

《배트맨: 더 킬링 조크》(1988)에서 바바라 고든은 자기 집에서 조커가 쏜 총에 맞아 불구가 되면서 배트걸의 정체성을 잃고 오라클이라는 새로운 정체성을 떠맡을 것이다. 반신불수가 된 그녀는 신체적 이동성을 잃었지만 배트맨의 눈 노릇을 한다. 모든 것을 보고 예견하는 오라클이라는 정체성은 사고가 그녀에게 일깨워준 현실에 대한 부정과 일부분 닮았다. 모든 것을 볼 수는 없으며, 모든 것을 예견한다는 것은 더욱더 불가능하다. 하지만 배트걸/오라클에게 자기애의 회복은 정체성의 재구성을 통해서 이루어진다.

이 이야기에서 조커는 인생의 예측 불가능성과 부조리를 보여줌으로써 배트맨을 무너뜨리려고 한다. 다크나이트는 통제력과 자기 임무에 부여된 의미를 추구하는데 말이다. 조커는 멀쩡한 사람들도 예기치 않은 사고를 계기로 미쳐버릴 수 있다는 것을, 요컨대 균열이 아예 무너져 내릴 수도 있다는 것을 보여주려 한다.

배트맨은 조커에게 모든 사람이 악몽과 함께 바위 아래 묻힐 필요는 없다고, 조커가 그 사례로는 유일할 거라고 대답한다.

자신의 악몽과 함께 바위 아래 묻히기와, 트라우마와 함께 동굴에 처박히기, 그 뉘앙스의 차이는 미세하다. 하지만 조커의 케이스가 정신병, 더 이상 의미를 찾지 못하는 현실을 대하는 정신의 파열이라면, 배트맨의 케이스는 이중 노선을 유지하게 해주는 분열을 보여준다. 어둠의 범죄와 싸우는 다크나이트의 노선과 가문의 유산으로 먹고살며 타인을 이용하는 백만장자의 노선. 《배트맨: 더 킬링 조크》의 대단원에는 배트맨과 조커를 연결하는 유머러스한 표현이 있다. 이 표현은 다시 한번 프로이트가 연구했던 농담의 본성, 농담과 무의식의 관계를 보여준다. 말장난은 서프라이즈 효과로 무의식적 억압의 느낌과 쾌락을 교환하고 두 인물을 가깝게 한다. 조커는 어떤 정신병자가 다른 정신병자와 함께 탈출한 이야기를 들려준다. 그들은 어둠 속에서 건물과 건물 사이를 뛰어넘어야 했다. 한 남자가 자기가 손전등으로 건물 사이를 비춰줄 테니 그때 뛰어넘으라고 했다. 그러자 다른 정신병자가 대꾸했다. "내가 미친놈인 줄 알아? 내가 중간쯤 갔을 때 불을 끄려고 그러지!" 배트맨과 조커는 미친놈은 언제나 다른 사람을 미친놈으로 본다는 이 농담에 함께 미친 듯이 웃는다. 이전의 잔혹한 사건들을 한순간이나마 잊게 만드는 결말이다.

알고 있었나요?

슈퍼히어로들은 정체성의 위기를 면제받기는커녕 오히려 그 반대다. 스파이더맨은 이미 〈정체성 위기〉라는 스토리 아크에서 호넷, 리코셰, 더스크, 프로디지라는 네 개의 다른 정체성을 사용했다. 그는 〈클론 사가〉에서 스파이더맨의 정체성을 벤 라일리에게 도둑맞기도 했다. 슈퍼맨은 두 개의 서로 다른 본체, 즉 슈퍼맨 블루와 슈퍼맨 레드로 분열되었다. 울버린은 오랫동안 자기 이름이 로건이라고 믿었다가 제임스 하울릿이 본명이라는 것을 알게 된다. 데어데블 맷 머독은 이미 자기 아버지의 이름인 잭 머독을 자기 이름으로 쓴 바 있다. 토르는 자신이 마법의 망치 묠니르를 발견한 절름발이 의사 도널드 블레이크인 줄 알았지만 사실은 오딘이 겸손을 가르치기 위해 지구로 추방한 아들이었다. 헐크의 정체성은 하나둘이 아니다. 라스베가스의 손봐주는 사람 그레이 헐크(조 픽스잇), 모든 것을 부숴버리는 새비지 헐크, 그리고 헐크의 정체성들이 닥터 샘슨에게 융합된 것으로 여겨졌지만 나중에 별도의 정체성으로 밝혀진 프로페서 헐크, 심지어 글래디에이터 헐크, 사악한 헐크도 있다. 브루스 배너라는 캐릭터 자체도 TV 시리즈에서 브루스 대신 썼던 이름 데이비드와 그 역을 맡은 배우 빌 빅스비의 성을 따서 데이비드 빅스비로 불리기도 했다.

그 밖에도 많은 예가 있지만 어쨌든 슈퍼히어로가 슈퍼분열에 상응한다는 것만은 확실하다!

농담: 스파이더맨과 데드풀의 가면 벗기기

스파이더맨이 적들과 싸우면서 던지는 농담이 그렇듯, 《배트맨: 더 킬링 조크》에서 배트맨과 조커가 공유한 농담은 억압된 성적,

공격적 내용이 검열을 피해 다른 형태로 돌아오게 한다. 프로이트는 이것이 쾌락이라는 이득을 끌어내고자 하는 완벽한 유희라고 했다. 정신은 말장난이나 중의법을 만들어냄으로써 성적, 공격적 충동을 살짝 풀어줄 수 있다. 농담witz이라는 기제는 이처럼 꿈의 기제와 비슷하다. 억압된 것을 돌아오게 하고 무의식적 욕망의 환희를 응축된 표현으로 드러낸다는 점이 그렇다.

달리 말해보자면, 농담은 자신이 하기를 거부한 것을 말한다. 농담은 주체의 서로 다른 두 면을, 주체의 분열을 떠받친다. 스파이더맨은 〈아무 힘 없이〉(2019)에서 어느 악당이 그에게 총을 쏘면서 "난 이제 곧 스파이더맨을 죽인 자가 될 거다!"라고 외치자 홱 돌아서면서 그에게 거미줄을 치고 이렇게 받아친다. "야, 넌 너무 늦었어. 내가 뭘 알고 예상하는지 알아? 지겨움! 사망이 요즘 슈퍼히어로들의 클리셰가 될까 봐 걱정돼!" 스파이더맨의 농담은 트라우마의 일면을 드러낸다. 그는 자신이 이미 죽었다가 살아났다고 생각하는 슈퍼히어로다. 그의 신체는 사냥꾼 크라벤에 의해 땅에 묻히기도 했고, 닥터 옥토퍼스에게 빼앗긴 적도 있다.

스파이더맨은 이 농담에서 죽음을, 그의 경험들 가운데 정신적 외상을 남긴 주제를 말한다. 죽음은 '살인자'들에 대한 공격 충동을 낳았는데 거기에 '지겨움'과 '클리셰'를 갖다 붙임으로써, 다시 말해 죽음을 진부한 것으로 만들어 무력화하고 있다. 스파이더맨은 이 단순한 정신의 기제를 통하여—프로이트에 따르면 농담이야말로 지적 수준이 가장 높은 기제 중 하나인데—정신의 민활함을 보여준다.

죽음을 가로막는 농담의 원칙을 직접 계승한 듯 보이는 캐릭터가 하나 있다. 그는 이름부터가 데드풀Deadpool이다. 1991년에 탄생한 비교적 최근의 캐릭터로서 따분하고 재미없던 용병에서 환각을 일으키고 스스로 환각에 빠지기도 하는 용병으로 변화해 나간다. 잠재적으로 죽지 않는 자 데드풀은 본의 아니게 슈퍼히어로가 되었다. 그의 능력은 모든 상처를, 치명상까지도 회복시키는 것이다. 데드풀은 피부암에 걸려 몰골이 흉측해졌기 때문에 눈 부분만 검은색이고 온통 빨간색인 단순한 코스튬으로 온몸을 감싸고 다닌다. 우리는 데드풀이 인기로 보나 끝없는 농담으로 보나 —마치 자기 자신에게 푸닥거리를 하는 듯한—스파이더맨의 후예라고 말할 수 있다.

피부암에 대한 비밀 실험으로 초능력을 얻고 데스(죽음) 자체와 결합한 그는 실로 여러 이유에서 죽음과 가깝다. 데드풀은 가면 뒤에서 눈으로만 표정을 짓고 양날의 검과 같은 말장난을 펼친다. 게다가 그는 본의 아니게 (비록 용병이지만 결국 선을 위해 행동하지 않고는 견딜 수 없었으므로) 액자 구조의 상황에서 스스로 슈퍼히어로임을 선언한다. 데어데블이 데드풀에게 정말로 진지해지는 때는 없는지 묻자 데드풀은 대답한다. "미안, 나는 유머를 불안을 억압하는 용도로 사용하거든. 게다가 난 쾌활하단 말이야. 그러니 날 싫어하지 마." 데드풀은 마치 프로이트를 읽어본 사람처럼 농담의 목적, 농담이 무의식과 맺는 관계를 온전히 털어놓고 "날 싫어하지 마"라는 말로 마무리를 한다. 우리는 이 완곡한 말을 우회된 사랑의 요구로 읽을 수 있다.

어디 그뿐인가, 데드풀은 곧잘 텍스트 이면을 읽게끔 촉구한다. 가령, 엑스맨들과 함께 등장하는 장면에서 그는 자비에 교수와 그의 텔레파시 능력을 흉내 내면서 이렇게 말한다. "어쩌면 나는 생각을 읽을 수 없는지도 몰라. 하지만 여러분은 행간을 읽을 수 있겠지!" 그렇고말고! 데드풀은 들을 줄 아는 사람에게, 독자에게 직접 말을 걸곤 한다. 그는 이 지리멸렬한 세상을 거대한 공성병기처럼 쏘아올린 농담으로 구하고자 한다. 놀라움이라는 현상은 무의식을 활짝 열어주고 속도를 실어준다. 상처를 아물게 하고 치유하는 데드풀의 능력처럼, 말의 능력, 기표의 능력은 독자, 즉 수신자인 타자의 면전에 실제처럼 상기시킨다. "나 안 죽었어, 말하고 있잖아!"

슈퍼히어로와 쾌락 원칙을 넘어서.
멜랑콜리, 환상, 문명 속의 불만

“결국은 다 좋게 끝났군.”

“결국? 아무것도 끝은 없어. 에이드리언.”

— 에이드리언 ‘오지만디아스’ 바이트와 존 ‘닥터 맨해튼’ 오스터먼, 《왓치맨》

슈퍼히어로들의 삶은 어떤 것도 끝나지 않는 영생을 닮았다. 주기적으로 닫히는 영원한 고리, 우리의 신경증이 시간에서 잠시 탈출하기 위해 만드는 반복. 적어도 상상적으로는 그렇다. 너무 높이 날아오르지 않기 위해 스스로 닫히는 고리, 이것은 우리가 쾌락과 맺는 관계에 대해 무엇을 말해주는가?

권력과 쾌락을 넘어, 슈퍼히어로들은 눈부시게 활약하는 존재들에만 머물지 않고 우리의 가장 어두운 부분을 구현한다. 그들은 이 어둠의 지대에서 무의식이 세상을 어떻게 만드는지 얘기해준다. 괴로워하고 우울해하는 그들의 그림자는 우리 모두의 근본적이고 실존적인 불안을 상기시킨다. 그들이 시도하는 해결, 끝나지 않는 탐색, 그들이 부딪치는 난관은 우주의 가장 추운 변방까지도 멜랑콜리가 그들을 따라간다는 사실을 보여준다. 실버 서퍼의 멜랑콜리는 우리가 건너야 할 혼란의 시간을 잘 보여준다. 비탄은 그 자체가 절대 목표가 아니고 은빛 서핑 보드를 타고 가는 여정일 뿐이다. 마블의 토르나 DC 코믹스의 왓치맨도 저마다 종교와의 관계, 신앙과 과학에 대한 입장, 그리고 거기서 겪은 환멸을 우리에게 말해준다. 프로이트는 그러한 주제를 《환상의 미래》(1927)에서 다루었다. 엑스맨은 '문명 속의 불만'을 각별히 현 시대에 맞게 환기한다. 이 슈퍼히어로들은 생산적인 다시 읽기를 통하여 인간에게 고유한 멜랑콜리, 환상, 불만을 우리에게 설명해 준다.

실버 서퍼: 애도와 멜랑콜리의 인물

《애도와 멜랑콜리》(1917)에 나타난 주체, 즉 의식적 삶과 무의식 삶에 걸쳐 있기에 자기 자신에 대해서나 타자에 대해서 분열되어 있는 개인이 애도와 멜랑콜리를 결합하는 방식을 특히 잘 보여주는 슈퍼히어로가 있다.

프로이트는 이렇게 썼다. "애도와 멜랑콜리 사이에 어떤 상관관계가 있다는 것은 그 둘의 전반적 상태를 보면 쉽게 확인할 수 있을 듯하다. 게다가 우리가 확인한 바로, 환경의 영향에 따른 자극 요인이 두 조건에 모두 동일하기도 하다. 애도는 보통 사랑하는 사람의 상실, 혹은 그러한 존재를 대신하는 어떤 추상적인 것, 즉 조국, 자유, 이상 등의 상실에 대한 반응이다." 실버 서퍼의 경우도 사랑하는 존재의 상실이 계기가 되었다. 이 근원적 애도가 끈질긴 멜랑콜리의 구성 요소가 될 것이다. 멜랑콜리, 우울증, 혹은 자존감 실추, 그 무엇이라고 부르든 이 돌이킬 수 없는 상실감은 존재의 가장 깊은 곳에 뿌리를 내린다.

실버 서퍼를 모르는 사람은 없다. 1966년에 판타스틱 포에서 탄생했을 때부터 그는 신화적 존재가 되었다. 실버 서퍼는 보드를 타고 우주를 누비며 수많은 모험을 펼친다. 그는 영혼의 괴로움에 시달리는 동시에, 자신을 둘러싼 경이 속에서 한없는 자유를 누린다. 그는 우주의 힘이 투입된 존재인 동시에, 수시로 행성들을 잡아먹는 갤럭투스에게 굴복당한다. 그는 자기를 희생해 행성 젠-라를 구원한 인물인 동시에, 한없이 깊은 슬픔에서 헤어나지 못하는 인물이다. 이걸 패러독스들의 집합으로 보아야 하나, 실버 서퍼의 영혼을 들여다보게 하는 공통분모로 보아야 하나? 프로이트는 말한다. "멜랑콜리의 특징은 고통스러운 낙심, 외부 세계에 대한 관심의 중단, 사랑할 수 있는 능력의 상실, 모든 행동의 억제, 자신을 비난하고 욕설을 퍼부을 정도의 자기비하감을 느끼고 급기야 누군가 자신을 벌해주었으면 하는 징벌에 대한 망상적 기대로 나타난다." 앞으로 보게 되겠지만 실버 서퍼는 이러한 정신적 특징을 망라하고 있으며 멜랑콜리와 그 너머를 밝히 보여준다.

자신의 터전과 사랑을 떠나서: 불가능한 애도

실버 서퍼는 원래 행성 젠-라의 주민이었다. 젠-라는 고도의 문명에 이르러 전쟁, 기아, 가난, 범죄가 사라진 평화로운 유토피아

같은 곳이었다. 그래서 젠-라의 주민들은 이 에덴동산과도 같은 행성에서 오로지 학문과 예술에만 힘쓰며 살았다. 노린 래드는 실버 서퍼가 되기 전까지는 오랜 연인 샬라-발과 살고 있었다. 그는 젠-라의 다른 주민들과는 달리 모험도 없고 위험도 없는 그 삶을 그리 즐기지 않았다. 노린은 도전과 투쟁을 꿈꾸었고 자기 행성의 역사를 연구하면서 젠-라의 모험 가득한 옛 과거를 되살릴 수 있기를 바랐다. 그런데 행성을 삼켜버리는 갤럭투스가 접근하면서 젠-라가 사라질 위험에 처하자 노린 래드는 갤럭투스에게 거래를 제안한다. 갤럭투스가 젠-라를 파괴하지 않는다면 자신이 그의 사자가 되어 그의 허기를 채워줄 다른 행성들을 구해 오겠다고 말이다. 갤럭투스는 이 제안을 받아들이고 그 다음 일은 우리가 아는 대로다. 갤럭투스는 노린 래드에게 우주적 힘, 우주의 모든 위험을 막아줄 실버 스킨, 무한한 우주를 신출귀몰한 속도로 이동할 수 있는 보드를 부여한다. 이제 그는 영원히 갤럭투스의 하수인으로 살아야 하며 이 운명을 돌이킬 수 없다. 그렇게 실버 서퍼가 탄생했다.

실버 서퍼의 기원은 이렇듯 애도와 상실을 환기한다. 그는 자기 행성을, 그곳으로 돌아갈 가능성을 포기했고 자신의 영원한 사랑을 잃었다. 실버 서퍼는 자신의 주인 갤럭투스를 위하여 임무를 완수할 테지만 자신의 무한한 상실을 슬퍼하지 않을 수 없을 것이다. 그는 자신이 가는 곳마다 이 애도와 영원한 고뇌를 끌고 다닐 것이다. 이 돌이킬 수 없는 상실은, 그가 스스로 희생을 선택했으니만큼 그 자신이 불러온 것이다. 실버 서퍼는 이 영웅의 지위를 자랑스러워하고 자신이 꿈꾸던 모험으로 가득한 삶에 만족할 수도 있었을 테지만, 슬픔과 비탄의 말없는 우주 속에서 말라 죽어간다. 이 체념, 이 상실, 이 애도는 그에게 끝없는 슬픔을 끼치고, 그는 흡사 보드를 타고 우주를 가르는 사람 모양의 은빛 슬픔 덩어리가 된 듯하다.

하지만 이 영원한 고뇌를 심리적으로 어떻게 설명할 수 있을까?

프로이트는 《애도와 멜랑콜리》에서 이렇게 설명한다. "그렇다면 애도는 어떤 작업을 하는가? 애도를 다음과 같이 표현해도 무리는 아닐 성싶다. 현실 점검을 통해 드러난 사실은 사랑하는 대상이 더 이상 존재하지 않는다는 것이다. 따라서 이제는 그 대상에 부과되었던 리비도를 모두 철회해야 한다는 요구가 발생한다. 물론 이런 요구는 당연히 반발을 불러일으키고, 또 그런 반발을 이해 못할 것도 없다. […] 이 반발이 너무 강하다 보면 현실에 등을 돌리는 일이 일어나게 되고, 환각적인 소원 성취의 정신병을 매개로 예전의 그 대상에 대한 집착이 그대로 유지되는 것이다. 보통은 현실에 대한 존중이 우세하게 나타나지만, 그렇다고 그 현실의 명령을 그 즉시 따르지는 않게 된다. 말하자면, 현실의 요구와 명령은 조금씩, 많은 시간이 지나고 많은 에너지가 소비된 다음에 비로소 받아들여지는 것이다. 물론 그러는 동안에도 잃어버린 대상은 마음속에는 여전히 존재한다." 이렇듯 실버 서퍼는 우주의 별들 속에서 세상을 떠난 연인의 이목구비를 머릿속으로 그리거나 이따금 다른 사람들에게서 환영을 보면서 자신의 슬픔과 상실을 질질 끌고 다닌다. 그리고 우리는 그의 모험들을 보면서 그의 비탄이라는 대가가 이 인물의 시그니처라는 것을 확인한다. 하나의 모험이 끝날 때마다, 희망은 사라지고 한없는 슬픔이 돌아오는 것을 볼 수 있기 때문이다.

무한한 우주에서: 유배와 멜랑콜리

실버 서퍼는 이렇게 출구 없는 영속적 애도에 빠져 있는 듯 보인다. 게다가 이 상태는 평범한 애도 혹은 분리보다 더 근본적인 면모들을 보인다. 애도와 멜랑콜리가 무엇보다 다른 점은, 애도는 여러 단계를 거쳐 끝에 이르고, 잃어버린 사랑의 대상, 애착 대상과 결부된 고통도 끝을 본다는 것이다. 반면에 멜랑콜리에 빠진 사람은 자기 자신에 대한 고뇌를 드러내면서 자가우울증autodépression, 끊임없는 자기죄책감 조성을 보여준다. 프로이트는 이렇게 쓴다. "애도의 경우는 세상이 빈곤하고 공허해지지만, 멜랑콜리의 경우는 자아가 빈곤해진다. 멜랑콜리에 빠진 사람이 우리에게 묘사하는 자아는 쓸모없고, 무능하고, 도덕적으로 타락한 자아다. 그는 자기를 비난하고, 자기에게 욕설을 퍼붓고, 스스로 이 사회에서 추방되어 처벌받기를 기대한다." 탐험할 세상이 많고 많은 우주를 방황하면서도 자기 자신은 너무나 공허한 실버 서퍼가 꼭 이러한 형국이다. 세상은 그의 공허한 내면을, 그의 끝없는 애도를, 메아리처럼 거울처럼 돌아보게 한다.

자기 행성과 영원한 사랑을 잃어버린 실버 서퍼에게서는 처음에 애도처럼 시작되었던 상태가 영속화되고 굳어지고 명확해진다. 실버 서퍼는 이처럼 우울한 존재, 늘 정신적 괴로움에 시달리고 결코 편하게 살 수 없는 존재, 어디를 가든 사랑받지 못하는 존재로 나타난다. 애도에서 멜랑콜리로 넘어가는 과정의 설명은 실버 서퍼를 새로운 각도에서 조명해 준다. 기억하자. 평화로운 젠-라에서의 삶이 노린 래드에게는 괴로움이었다. 그 사실을 그는 까맣게 잊은 듯하고 자신의 슬픔 속에 억압한 듯하다. 당시에 그는 다른 삶을 꿈꾸었고 무의식적으로 고향 행성 젠-라와 사랑하는 여인 샬라-발이 나타내는 것에 양가적 감정을 품었다. 그러한 상황에서 노린 래드가 그 대상들에게 애증을 느꼈으리라고 상상하기란 어렵지 않다. 이것이 그의 즉각적 결단을, 기존의 운명을 버리고 불확실한 운명을 택한 이유를 설명해 준다. 모종의 영웅심에서, 혹은 적어도 한 번은 사는 것처럼 살아보기 위해 '올 인'을 했을 것이다.

프로이트는 이렇게 썼다. "우리가 놀랄 수밖에 없는 것은, 결국 멜랑콜리에 빠진 사람들이 정상적 상황에서 회한의 고통을 겪으며 자기비난을 하는 사람과 똑같이 행동하지는 않는다는 사실이다. 다른 사람들 앞에서 수치심을 느끼는 것을(이것은 후자의 상황을 특징적으로 보여주는 것인데) 멜랑콜리에 빠진 사람에게서 찾아볼 수 없다. 아니, 적어도 멜랑콜리에 빠진 사람에게서는 그런 수치심이 두드러지게 나타나지 않는다. 어쩌면 그에게는 그것과 정반대의 특징, 즉 자기폭로를 통해 만족을 얻기 위해 집요하게 떠들어대는 속성이 있는지도 모른다." 실버 서퍼, 그의 은빛 필름으로 덮여 있는 것 같은 외모 자체가 부정적 감정을 노골적으로 보여준다. 그는 무한한 우주에서 그에게 구원을 거의 주지 못하는 보드에 어떤 행동으로도 달랠 수 없는 끝없는 고뇌를 맡긴다.

그렇다면 우리는 멜랑콜리에 빠진 사람이 그렇듯 실버 서퍼도 결국은 옳다고 봐야 하나? 어떤 행위, 어떤 욕망도 이제 마땅치 않을 것이고 실버 서퍼는 우리 모두의 감정, 일말의 명철함이라도 있는 사람의 판단이 일반화된 인물에 지나지 않는가?

프로이트가 우리에게 알려주는 바가 구분의 단서가 된다. "그는 자존심을 잃었고 그럴 만한 충분한 이유도 있을 것이다. 그런데 바로 여기에서 해결하기가 쉽지 않은 모순점이 발견된다. 그것은 애도와 멜랑콜리를 비교해볼 때, 멜랑콜리에 빠진 사람은 대상과 관련된 상실감으로 고통을 겪는 것처럼 보이지만, 사실 그가 우리에게 들려주는 말을 들어보면 그것은 자아와 관련된 상실감이다." 이것이 실버 서퍼의 애도와 멜랑콜리를 연결할 수 있게 해준다. 대상과 관련된 상실감에서—대상과의 관계, 다시 말해 자기에게 타자가 나타내는 것이라는 의미에서—그 자신의 자아와 관련된 상실감으로 미끄러짐이 일어난 것이다. 애도는 대상과의 관계에 관련된다. 이것은 우리가 외부 세계와 그곳에 사는 사람들과 맺는 관계 차원에 있다. 멜랑콜리는 자기애적 관계 차원에 있다. 이 관계에서는 충동이 외부의 사람이나 사물이 아니라 자기 자신과 관련되어 있다. 멜랑콜리를 통하여 실버 서퍼가 프로이트와 함께 우리에게 가르쳐 주는 것, 그것은 애도가 자기 자신에 대한 애도, 자아에 대한 애도라는 것이다.

프로이트는 이해의 핵심 열쇠를 제공한다. "우리는 그[멜랑콜리에 빠진 사람]에게서 자아의 한 부분이 어떻게 다른 부분과 대립하고 그것을 비판적으로 판단하면서 마치 대상처럼 취하게 되는지 발견할 수 있다. 이 경우, 자아와 분리된 비판의 심급이 과연 다른 상황에서도 그렇게 자율성을 보일지 의심스럽다. […] 멜랑콜리를 임상적으로 살펴볼 때 가장 두드러진 특징은 바로 자신의 자아에게 느끼는 도덕적 반감이다." 이렇듯 멜랑콜리에서 끊임없는 자기비판과 자기비하는 양가적 갈등, 다시 말해 애착 대상과의 관계를 특징짓는 애증의 감정을 근원으로 한다. 이 해소될 수 없었던 정신 내부의 갈등은 정신의 삶 속에서 되살아난다. 잃어버린 대상과 자기를 동일시하는 자아가 가혹한 판단의 대상, 비하의 대상이 되는 것이다. 이리하여 멜랑콜리에 빠진 사람은 대상에 대한 미움을 표현하는 대신 자기를 혐오한다. 그는 대상의 자취를 잃었거나 그 대상을 이상화하는데, 어느 쪽이든 결과는 마찬가지다. 실버 서퍼에게 샬라-발은 영원히 잃어버린 대상이다. 그래서 그는 그녀에게 느끼는 양가적 감정을 영원히 해소할 수 없을 것이고, 그녀가 나타내는 윤택하고 안온한 삶에 대한 증오라는 부분을 결코 인정할 수 없을 것이다.

프로이트가 섬세하게 기술한 과정을 통해서 우리는 이 첫 번째 상실이 어떻게 끝없는 자기비난으로 변모하는지 이해할 수 있다. "사실을 조사할 때마다 그러한 추정은 맞는 것으로 확인된다. 이리하여 우리는 임상적 판단의 열쇠를 찾을 수 있다. 멜랑콜리에 빠진 사람의 자기비난이란 사랑의 대상에 대한 비난이 자신의 자아로 돌려진 것이라는 사실이다. […] 진짜 자기비난의 말과 주체에게 돌려진 대상에 대한 비난이 섞여 있는 것도 놀랍지 않다. 그렇게 해야 거짓 비난의 말을 은폐할 수가 있고 진짜 비난이 어떤 상황에서 나온 것인지 사태 파악을 어렵게 할 수 있기 때문이다. 더욱이 그런 자기비난의 말들은 사랑의 상실을 초래한, 사랑의 투쟁을 '위하여' 그리고 그러한 투쟁에 '반하여' 나온 것이다." 이때부터 역전 기제를 통하여 실버 서퍼는 그 증오를 자기 자신에게 떠안기고 분리와 결부된 애도뿐만 아니라 불가능한 분리와 결부된 멜랑콜리를 통과하게 된다. 그는 이 무의식적 감정과 해소되지 않은 채 남는 자아의 상실을 가지고 다니기 때문이다.

이때부터 우리는 그의 편력의 증인들이다. 그는 자아에게 돌린 사디즘이라고 할 만한 데서 만족을 얻는다. 그도 그럴 것이, 실버 서퍼는 자신의 애원에 귀 기울이지 않는 우주에게 한탄하면서 쾌감을 얻는 마조히스트처럼 보인다. 한탄은 멜랑콜리의 전형적 표현이다. 하지만 실버 서퍼는 어떻게 그 상태에서 벗어나는가? 놀랍게도 그의 구원의 '보드'는 전혀 기대하지 않은 데서 온다.

멜랑콜리를 넘어: 구원의 가능성

실버 서퍼는 멜랑콜리의 탈출구를 찾아, 거대한 실체, 생명을 집어삼키는 크로노스, 우주의 파괴자에게로 향한다. 그것은 바로 행성들을 통째로 삼켜버리는 갤럭투스다. 그렇지만 좀 더 자세히 들여다보면 그의 멜랑콜리를 고향 행성 젠-라와 샬라-발의 상실보다 더 이른 단계에 위치시킬 수 있다. 실버 서퍼로 변신하기 전부터 조짐들이 있었다. 노린 래드는 당시 균형을 스스로 유지하는 세상에서 살아가는 자신을 안쓰러워했다. 그 세상은 전쟁과 질병이 추방당했지만 모험과 리스크도 추방당해 있었다. 그래서 노린 래드는 자기보존은 걱정하지 않았지만 자극이나 흥분이 없음을 아쉬워했다. 프로이트는 《충동과 충동의 운명》(1915)에서 이 근본적 사안을 규명했다. "정신적 삶에서 근원의 자극은 충동으로 나타난다."

충동은 힘, 밀어내는 에너지로서, 항구적이지만 그 출처의 위치를 파악하기는 어렵다. 노린 래드가 거래를 받아들였을 때 실버 서퍼의 의문에 우주적 힘이라는 답을 제시한 자는 갤럭투스였다. 그리고 그 거래에서 더 큰 것을 얻은 자는 노린 래드다. 갤럭투스는 그의 삶을 차지하는 대가로 그를 실버 서퍼로 변신시켰다.

프로이트는 나중에 《정신분석학 개요》에서 에로스에서 비롯된 충동을 리비도라고 명명한다. 실버 서퍼는 자기 행성을 구했을 뿐 아니라 커다란 힘의 원천을 통하여 멜랑콜리의 탈출구를 찾았다. 그 힘은 그가 서핑 보드를 타고 우주를 누비고, 우주의 무시무시한 추위와 뜨거운 태양열에도 맞설 수 있게 해주었다. 다시 말해, 그는 그때까지 다가갈 수 없었던 이 충동의 힘, 이 리비도를 얻은 것이다. 리비도는 주체가 움직이게끔, 자아가 식물적 상태를 박차고 나가게끔 이끈다. 그의 내면에서 일어난 일, 그 성 충동은 그의 신체를 벌거벗은 은빛 청년의 몸으로 변화시켰는데, 이 성 충동이야말로 항상성의 화신 갤럭투스에 다름 아니다. 갤럭투스의 소임은 행성들을 잡아먹음으로써 우주적 생사의 균형을 맞추는 것이다. 이렇게 성 충동을 부여하는 실체가 있고, 성 충동은 주체가 감각적 방식으로 외부로 향하게 한다. 마치 어린아이나 청소년이 호기심, 발견, 운동, 흥분을 유발하는 성 충동을 통하여 자기 신체와 세계를 발견하는 것처럼 말이다. 그 실체는 삼켜 버리는 것, 그악스러운 구강적 실체다. 그러므로 여기서의 성 충동은 첫 번째 단계인 구강기의 충동, 뭐든지 입으로 삼켜 버리려는, 죽음 충동과 얽혀 있는 충동이다.

구강기적 충동과 죽음 충동이 얽혀 있음은 중독이라는 영역에서 드러나기도 한다. 여기서 갤럭투스는 '중독자'라고 볼 수 있다. 갤럭투스는 끝없는 허기에 시달리기 때문에 자신이 쇠락할 위험을 무릅쓰고서라도 행성들을 집어삼키지 않을 수 없다. 그래서 실버 서퍼 같은 전령 겸 하수인이 필요한 것이다. 그의 허기를 채우려면 새로운 행성들을 계속 찾아내야 하니까. 실버 서퍼는 자신의 멜랑콜리에 맞는 운명을 찾았다. 충동이 주어졌고, 원천과 목표와 대상도 생겼다. 프로이트는 충동의 세 영역을 추진력, 목표, 대상으로 정의했다. 실버 서퍼에게는 충동, 우주적 추진력, 갤럭투스의 중독을 부양한다는 목표, 자신의 끝나지 않는 임무를 다하기 위해 새로운 행성들을 찾는다는 대상이 있다. 노린 래드는 신체도 없고 운동도 없었지만—신체에 흥분이 결여되어 있었고 관성에 젖어 움직임도 결여되어 있었다는 의미로—실버 서퍼는 보드를 타고 쉴 새 없이 유유히 움직이는 은빛 몸을 가졌다. 마치 운동 충동에 휘둘리는 어린아이나 청소년처럼, 그는 자신에게 충동과 충동의 운명을 부여한 그악스러운 존재로 인해 다시 태어났다. 그 존재는 실버 서퍼가 죽음 충동의 아바타에 빠져듦으로써 멜랑콜리를 부분적으로 해결하게끔 이끄는데, 정신분석학에서 그 아바타를 부르는 이름이 바로 '반복'이다.

모성적 타자: 소멸하기까지 삼켜버리기

프로이트가 인간 정신에 대해서 뭔가를 이해하고 알아내기 위해 자신이 맡은 사례를 분석했던 것처럼 우리도 정신분석학적 조사를 실시한다면, 실버 서퍼의 이력을 거슬러 올라가 그의 멜랑콜리의 작동 방식을 밝히는 데 중요한 요소를 찾아낼 수 있을 것이다.

과연, 노린 래드의 생애에는 주목할 만한 흥미로운 요소가 있다. 그의 어머니 엘마 래드는 젠-라의 무미건조한 환경에서 결코 행복하지 않았고 결국 스스로 목숨을 끊었다. 어머니의 시신을 발견한 사람이 노린이었는데, 그는 트라우마로 남은 이 사건을 오랫동안 기억에서 봉인했다가 얼마 전에 비로소 다시 떠올렸다. 노린 래드가 기억에서 지우다시피 할 만큼 강하게 억압한 그 사건은 그의 내면에 공허감이라는 흔적을 남겼다. 이처럼 노린 래드의 어머니는 몸소 우울증을 겪었고, 우리는 실버 서퍼의 멜랑콜리를 이해하는 데 중요한 또 다른 단서를 얻는다. 그의 멜랑콜리는 애도와 노스탤지어가 함께 작용했다는 점이 다르다. 잠재적 우울증 때문에 삶에 부분적으로 부재하는 모성적 존재는 아이에게 외로움을, 결코 완전히 채워지지 않을 상실감을 끼치기도 한다. 아이는 마음 깊이 그 모성적 존재를 사랑하지만 그 존재가 때때로 '부재'하기 때문에 미움을 느낀다. 타자에 대한 미움이 무의식적 기제인 역전을 통하여 자기에 대한 미움이 된다. 실버 서퍼는 그게 어떤 것인지 누구보다 잘 안다. 옆에 있어도 옆에 있는 게 아닌, 정신이 딴 데 가 있는, 그래서 부분적으로 부재하는 어머니와의 관계 속에서 아이는 그러한 공허감을 느끼지만 그저 '뭔가가 부족해' 외에는 그 의미를 알 수가 없다. 아이가 정말로 가져본 적이 없는 것을 표상할 수는 없기 때문이다. 그래서 아이는 결여된 대상을 표상하지 못한 채—그 자리에 원래 뭐가 있었던 게 아니므로—그 느낌을 내면에 간직한다. 이렇듯 멜랑콜리는 이별보다, 애도보다 훨씬 더 뿌리 깊은 상실의 감정이다. 그것은 결코 있었던 적 없는 무엇에 대한 상실감이기 때문이다.

실버 서퍼에게 이 상실감은 지울 수 없는 흔적을 남긴다. 그가 어릴 때부터 사랑했던 샬라-발은 사실 대체된 사랑의 대상에 불과하다. 이처럼 전기적 요소는 우리에게 보충 설명의 단서를 제공한다. 실버 서퍼는 구원자가 됨으로써 자기가 할 수 없었던 일—어머니를 그악스러운 우울증에서 구해내기—을 실현했다. 갤럭투스의 전령이 된 것은 과거 경험했던 이별의 반복이다. 이 행동이 이번에는 과거의 삶이 낳았던 공허감과 무기력 대신 충동과 탈출구를 찾는다. 내면의 공허를 채우기 위해 우주적 존재, 게걸스러운 타자를 부양하겠다는 선택은 이로써 새로운 의미를 갖는다. 이제는 충동, 대상, 운명이 주어짐으로써 구원의 효과가 있는 반복이라는 의미가 생긴 것이다. 그렇지만 실버 서퍼는 그의 욕구를 부분적으로만 만족시키는 이 거래에 완전히 속지 않고, 그의 멜랑콜리는 두 탐색 사이에 여전히 남는다. 그중 한 탐색은 반항으로 귀착되는데, 그것이 그의 주체로서의 해방의 두 번째 단계에 해당할 것이다.

알고 있었나요?

《실버 서퍼: 레퀴엠》에서 이 슈퍼히어로는 자기 자신의 최후를 맞닥뜨린다. 장 제목들은 메시아적 존재를 연상시키지만 그는 다시 우울한 배경으로 들어가 그를 구해줄 힘이 없는 다른 슈퍼히어로들을 만난다. 실버 서퍼를 우주의 위험에서 보호해 주었던 은빛 피부가 이제 더는 버틸 수 없게 되었다. 그를 보호하던 것이 이제 그의 최후를 앞당긴다. 이 이야기에서 실버 서퍼는 놀랄 만큼 차분한 분위기를 보인다. 마치 멜랑콜리도 죽음 앞에서는 설 자리가 없다는 듯이.

신들과 슈퍼히어로: 환상의 미래

슈퍼히어로 중에는 고전 신화에서 유래한 인물이 드물지 않다. 그래서 그리스 신화와 북유럽 신화에서 튀어나온 신들이 슈퍼히어로 진영에 합류하곤 한다. DC 코믹스의 뉴 가즈[15]는 라그나로크의 재, 발더의 시신, 어느 마녀에게서 태어났다. 헤라클레스는 반신으로서 천둥의 신 토르처럼 슈퍼히

15 DC 코믹스의 뉴 가즈와 마블의 토르는 모두 북유럽 신화에서 유래했다. 뉴 가즈는 신화에서 거의 그대로 파생되었지만 토르는 재해석으로 봐야 한다. 잭 커비가 뉴 가즈와 토르를 모두 구상했다는 점은 이상하지 않다.

어로 집단 어벤저스에 들어간다. 그들의 최근 등장을 살펴보면 신들도 슈퍼히어로 공동체에서 오이디푸스적 가공을 피할 수 없다는 점을 알 수 있다. 슈퍼히어로와 오이디푸스는 비슷한 장면 속에 있다. 영화 〈토르: 라그나로크〉(타이카 와이티티 감독, 2017)는 신들의 신화적 최후를 그려내고, 어느 한 신적 존재를 통하여 슈퍼히어로들에게 예기치 못했던 새로운 시선을 던진다.

토르, 현대의 오이디푸스?

〈토르: 라그나로크〉에서 토르는 아버지 오딘과 왕국 아스가르드를 잃었다. 불의 악마 수르트가 그 왕국을 멸망시켰다. 신들의 최후는 신화적 이미지로 그려지지 않고 다른 장면으로 연출된다. 영화에서 토르는 자신의 숨겨진 누이이자 죽음의 여신 헬라를 만난다. 헬라는 오딘의 딸이자 한때 정복에 굶주렸던 아버지와 함께 전쟁터를 누비던 동료였다. 이 숨겨진 모자이크가 태피스트리에서처럼 오딘의 황금빛 궁전에 감추어져 있던 진실을 보여준다. 감추고 있던 것이 전쟁으로 인한 지진으로 갈라지고 무너질 때, 억압된 것이 돌아오듯 그 모자이크가 드러난다. 억압된 진실이 드러나면서 은폐된 가족의 비밀이 밝혀진다.

그 비밀이 일단 밝혀지자 토르는 헬라와 대결하게 된다. 토르는 마법의 망치 묠니르에 자신의 힘을 모아 천둥과 번개로 헬라를 공격한다. 그때 헬라는 전속력으로 날아오는 망치를 붙잡을 뿐만 아니라 완전히 부숴서 그 파편을 바람에 날려 보낸다. 오딘의 아들의 힘의 상징인 묠니르, 얼음 거인들을 제압하고 수르트를 감옥에 가두었으며 다크 엘프를 무찔렀던 그 망치가 토르의 눈앞에서 산산조각 난 것이다. 이 대상의 상실은 사소한 디테일이 아니다. 우리는 여기서 토르를 출발점으로 되돌려놓는 하나의 고리를 볼 수 있다. 그를 현대의 오이디푸스로 만드는 역방향의 여정을.

토르의 망치는 그의 힘의 상징이다. 코믹스에서는 아버지가 그를 도널드 블레이크라는 인간으로 살게 했을 때 이 망치 덕분에 변신할 수 있었다. 1962년, 《저니 인투 미스터리 Vol. 1 #83》가 '마이티Mighty 토르'라는 타이틀을 달기 전에, 절름발이 의사 도널드 블레이크는 어느 날 토르의 망치를 발견한다. 그는 망치로 땅을 내리치자 천둥의 신으로 변했다. 오이디푸스처럼 도널드 블레이크도 지팡이를 짚고 걷는다. 지팡이로 땅을 내리치니 그 지팡이는 마법의 망치가 되었고 허약한 의사는 천둥의 신, 오딘의 아들, 아스가르드의 왕자 토르가 된다. 이처럼 연약함은 의사 도널드 블레이크의 육체에 새겨져 있는 반면, 그의 분신은 신적인 힘으로 이루어져 있다. 이것은 아들에게 부족한 겸손을 가르치기 위한 오딘의 책략이었다. 아버지, 심지어 만물의 아버지가 아들에게 겸손을 가르치기 위해 연약함, 결핍, 정신분석학적으로 말하자면 거세, 신체기관 고유의 결함을 부여한 것이다.

2017년에 〈토르: 라그나로크〉는 깨진 망치를 든 천둥의 신을 보여주었다. 1962년의 토르는 지팡이에 의지해 걸어 다니는 절름발이 의사로 등장했고 그의 지팡이는 위험이 닥칠 때만 망치로 변했다. 2014년 미니시리즈 코믹스 《오리지널 신》에서는 그의 적이 하는 말이 예기치 않은 효과를 일으킨다. "토르는 이제 그의 망치를 들 자격이 없다." 실제로 오딘은 이 망치에 다음과 같은 문장을 새겨놓았다. "누구든 이 망치를 갖는 자, 자격을 갖추었다면 토르의 힘을 얻을 것이다."

바로 이 문장 때문에 토르는 닉 퓨리의 "고르가 옳았다"는 말 한마디에 묠니르를 들어 올리는 능력과 의지를 모두 잃는다. 닉 퓨리는 가디언의 힘을 지닌 전지적 인물이다. 고르의 별명은 '신들의 도살자'다. 고르는 어머니, 아내, 자식들까지 잃은 후 자기 행성에서 신들의 도움을 간절히 기다렸었다. 그러나 신들의 응답이 없자 신들은 숭배와 사랑을 받을 자격이 없다고 판단하고 그때부터 자신이 신들을 모조리 멸절시키리라 다짐한다. 그리고 이 목표에 도달하기 위해 공허의 신인 널의 무기, 올 블랙 더 네크로소드를 입수한다(이 공허는 고르가 비난하는 신들의 침묵과 호응한다). 토르는 고르를 무찔렀지만, 나중에 《오리지널 신》에서 닉 퓨리가 대결 중에 중얼거린 이 문장은 천둥의 신을 실추시키고 마법의 망치를 드는 능력까지 박탈해 버린다. 이제 자격이 없는 토르는 천둥의 신이 아니다. 천둥의 신이라는 타이틀은 그의 친구였던 여성, 제인 포스터에게 넘어간다.

이 문장은 나르시시즘이 주체가 자신의 힘을 믿을 수 있게 하는 근간이라는 것을 알려준다. 이 한마디면 근간이 흔들리기에 충분하다. 결여를 떠올리게 하는 존재에게서 나온 한마디이기 때문이다. 고르는 토르에게 불완전성을, 신들의 결핍을, 실질적 거세를 상기시키는 존재다. 이 부재를 고르는 상기시킨다. 신들의 응답은 부재했다. 그들은 공허와 무로써 응답했다. 이러한 경험은 프로이트가 '불신'과 연결했던 남자아이의 경험과 비슷하다. "아이의 불신을 깨뜨린 관찰은 여성의 성기에 대한 관찰이다. 어느 날 아이는 […] 여자아이의 성기 부분을 보고서 자기와 비슷한 존재인데 페니스만 없다고 당연히 믿게 된다." 그러니까 처음에는 관찰이 있고, 그다음에 추론이 있다. 토르를 쓰러뜨린 것은 고르와의 첫 만남이 아니라 모든 것을 보는 존재가 한 말이었다. 그 존재는 신들에 대한 고르의 판단이 옳았다고, 신들도 무능하고 더러는 어설프다고 말한다.

이렇게 토르가 더 이상 들 수 없게 된 망치가 그의 뒤를 이어받은 한 여성의 손에 들어갔다. 힘의 상징인 망치를 남근적 대상이 아니라 존재 방식, 죽음을 피하는 방식으로서 여성이 이어받았다는 점에서 이 거세가 상징적이라는 것을 알 수 있다. 사실, 제인 포스터는 암 환자였는데 토르의 여성적 화신, 즉 레이디 토르가 됨으로써 죽음을 면했다. 영웅다움은 여성이 토르가 됨으로써 다른 것이 되었다. 그는 이제 힘의 상징을 지닌 자가 아니라 행동을 통해 영웅다움을 보이는 데 열중하는 자다. 천둥의 여신은 토르 오딘슨에게도 능히 견줄 만한 모습을 보이면서 신화에서 벗어난다.

이렇듯 약해빠진 절름발이 인간에게서 태어난 토르에서 50년 후 힘을 상징하는 망치를 드는 힘을 잃어버리는 토르까지, 혹은 죽은 자들 사이에서 돌아온 누이가 자신의 망치를 박살내는 모습을 보는 토르까지, 현대의 오이디푸스의 여정이 그려진다. 누이 헬라와의 싸움에서 토르는 한쪽 눈을 잃고 애꾸가 된다. 그리고 이 실명, 아버지와 누이에 대한 진실을 보지 못하게 했던 억압에 부응하듯 토르는 은유적으로 절름발이가 됨으로써 오이디푸스와 가까워진다. 그는 힘의 소유를 상징하는 망치, 그의 강력한 남근을 더 이상 갖지 못한 채 마치 진실 앞에서 스스로 자기 눈을 찔렀던 오이디푸스처럼 애꾸눈이 되었다.

토르는 아버지가 물려준 이 멋진 대상, 남근적 기호를 소유한 인물이다. 프로이트는 〈오이디푸스 콤플렉스의 소멸〉(1923)에서 이렇게 생각했다. "아이는 관심을 자신의 성기로 향할 때, 성기를 자유롭게 다루면서 그러한 관심을 드러낸다. 그리고 어른들이 이러한 행동을 좋게 보지 않는다는 것을 경험으로 알게 된다. 위협은 다소간 명확하게, 어느 정도는 노골적으로 주어진다. 아이가 그토록 가치를 부여하는 부분을 숨길 것이다." 토르가 망치를 휘둘러 천둥을 부르거나 다른 차원으로 이동하는 등 온갖 신묘한 일들을 일으킨 것을 고려하면, 이 오이디푸스적 열중은 결국은 끝에, 신들의 끝에 도달한다. 마치 어린아이가 자기 전능성의 끝을 만나게 되는 것처럼 말이다. 그리고 판결은, 〈토르: 라그나로크〉에서처럼 "곧잘 여자들에게서" 온다고 프로이트는 말한다.

가부장제 혹은 자신의 지식을 과신하는 의사들에게 도전하는 여자들처럼, 헬라는 만물의 아버지에게 설명을 요구하고 코믹스에서는 토르의 분신 도널드 블레이크에게 도전적 자세를 보인다. 〈토르: 라그나로크〉에서 헬라는 남근적 물신숭배의 대상을 박살내어 쓰지 못하게 한다는 점에서 토르를 거세할 수 있는 위력을 지닌다. 그와 동시에 이상화된 부성적 존재, 즉 토르의 부친인 만물의 신은 추락한다. 그 존재는 이제 아들을 이끄는 마법을 쓰지 못하고 그저 말뿐인 평범한 존재다. 장편영화에서 오딘은 마치 스핑크스의 수수께끼처럼 언뜻 보기에 대수롭지 않지만 결정적인 말을 해준다. "토르, 네가 망치의 신이 되려느냐?" 이 말에 토르는 대상의 상실 즉 거세를 받아들이고 아버지와 자신을 동일시하며, 자신은 대상에 의존하지 않을뿐더러 남근적 망치를 소유하든 그렇지 않든 천둥의 신이라는 것을 깨닫기에 이른다.

프로이트는 이러한 과정을 〈오이디푸스 콤플렉스의 소멸〉에서 자기 식으로 기술한다. 힘이 투입된 대상으로서의 페니스를 잃는다는 생각 이후에는 "대상에 대한 투입을 버리고 동일시로 대체한다. 아버지 혹은 부모의 권위는 자아에게 내사introjection되어 초자아의 핵심을 이룬다. 초자아는 아버지의 엄격함을 빌려와 근친상간의 금기를 영속시킨다." 이렇게 토르는 아버지의 자리를 차지하고 되찾은 왕좌에 올라 그의 백성을 이끈다. 아버지의 특징들을 일단 자기 것으로 통합하고 자기 인격에 내사함으로써 지혜로운 현자의 모습을 띠게 되는 것이다.

이 신은 이처럼 오이디푸스 콤플렉스 시기를 통과한다. 망치를 들고 포효하는 혈기 넘치는 아이 같은 신에서 자격을 잃고 체념을 통해 자기 자리를 찾는 신이 되고, 그다음에는 아버지의 특징들을 닮은 한 남자가 되는 것이다. 그는 거세, 사랑의 상실에 대한 불안을 거쳐 노스탤지어와 지혜, 그리고 자신의 과오까지도 새겨진 인간이 된다. 코믹스에서 토르는 인간이 된 신의 사례다. 신화는 역전되면서 온전한 의미를 얻는다. 신들은 자신의 실패와 결함을, 결핍과 무의식에서 드러나는 바를 받아들임으로써 성장해야 하는 아이들이다. "네가 망치의 신이 되려느냐?" 오딘의 물음에 토르는 이렇게 대답할 수 있을 것이다. "절대 아닙니다. 저는 저의 눈멂으로써 보고 제가 빼앗긴 것의 힘을 지닙니다." 토르는 이처럼 비극 속에서 자신을 이 길로 이끈 상실을 받아들임으로써 인간이 되고 왕이 된 오이디푸스다.

알고 있었나요?

토르는 아버지 오딘이 맡긴 마법의 망치 묠니르를 들 수 있는 유일한 존재가 애초에 아니었다. 묠니르는 자격이 있는 사람만 들 수 있고 그 망치에 결부된 힘도 그 사람에게만 주어진다. 영화에서 묠니르를 처음 들었던 사람은 비전이고 코믹스에서는 오딘 자신이 우루[16]로 되어 있는 이 망치를 들었다. 제인 포스터가 천둥의 여신 토르가 되면서 이 망치를 들었고, 캡틴 아메리카도 코믹스에서 여러 번(《토르 Vol.1 #390》), 그리고 영화 〈어벤저스: 엔드게임〉에서 이 망치를 들었다. 묠니르를 든 인물 중에서 가장 유명한 이는 아마 말의 얼굴을 한 외계 종족 코브나이트의 베타 레이 빌일 것이다. 토르는 이 인물에게 새로운 무기 스톰브레이커를 맡긴다. 토르가 스톰브레이커를 사용하는 모습은 영화 〈어벤저스: 인피니티 워〉와 〈어벤저스: 엔드게임〉에서 볼 수 있다.

16 [옮긴이 주] 마블 코믹스에 등장하는 가공의 금속. 별의 잔해가 주성분이라고 한다.

토르와 종교: 환상의 종말

신경증과 신앙은 긴밀한 관계에 있다. 신앙이 우리의 사유체계를 지배하면 개인적으로는 신경증을 면할 수 있다. 이렇게 종교는 보편적 신경증의 위치를 차지한다. 하지만 세상의 질서를 보장하는 준거 체계로서의 종교적 신앙이 흔들리고 무너지면 어떤 일이 일어나는가? 슈퍼히어로들 가운데 토르는 그 자신이 신이기 때문에 절대적 세상의 신앙이 무너질 때, 신 자신이 환멸이라는 신경증적 고뇌를 겪을 때 어떻게 되는가를 제대로 보여준다. 다른 모든 사람이 그렇듯 아이는 부모라는 종교에서 벗어나 아무것도 보장되지 않는 세계를 발견한다. 신경증은 이럴 때—그가 처음에는 살아 있는 신이었다 해도—떠오르는 불안과 타협하는 독특한 방식의 이름이다. 좀 더 일반적으로 말해보자면, 인간은 누구나 환상이 깨지는 경험을 하고 그 징후들, 가령 토르의 중독이나 폭식은 그러한 환멸의 흔적을 신체에도 남긴다.

신들은 때때로 자신의 한계를 깨닫고 완전히 혼란스러워한다. 프로이트는《환상의 미래》에 이렇게 썼다. "아이가 느끼는 혼란은 아버지의 보호를 받고 싶은 욕망—사랑을 통해 보호받고 싶은 욕망—을 불러일으켰다." 프로이트가 여기에 덧붙인 말은 우리도 이해하고 있는 바다. "이 혼란이 평생 지속된다는 인식은 어떤 아버지Père에게 매달려야 할 필요성을 낳았지만, 이번에는 훨씬 더 강력한 아버지가 그 대상이 되었다." 대문자 P로 시작하는 아버지, 만물의 아버지 오딘과도 같은 아버지 말이다. 프로이트는 또 말한다. "이 아버지Père의 등장과 호의 넘치는 신의 섭리는 생의 위험에 대한 우리의 불안을 달래주고 도덕적 세계 질서의 확립은 인류 문명 속에서 대체로 실현되지 않았던 정의의 요구를 확실히 실현시켜준다. 이승에서의 삶이 내세에까지 연장된다는 개념은 욕망의 실현이 일어날 시공간적 체제를 제공해 준다." 이처럼 내세의 낙원, 발할라, 열반을 믿으면 마음이 놓인다. 보호자 아버지처럼 든든한 타자가 정의와 욕망의 실현을 보장하기 때문이다. "유아기의 아버지 콤플렉스에서 비롯된 갈등이 마음에서 제거되고 보편적으로 인정되는 형태로 해결된다면 개인의 정신은 크게 안도할 것이다." 슈퍼히어로 버전에서 토르와 오딘의 여정을 살펴보자면, 처음에는 세상의 질서가 있었다. 그 체계에서는 신앙이 세계를 지배하고 의문이 제기될 때 답을 주었다. 그러다 불변의 법칙이 지배하던 세상이 무너지면서 혼란이 일어난다. 프로이트는, 환상의 힘이 지닌 비밀은 인류의 가장 오래되고 가장 강력하며 가장 긴급한 욕망에 있다고 보았다. 그리고 환상이 어떤 말, 어떤 가공물, 혹은 자신의 쇠락을 받아들인 타자, 이를테면 더 이상 아무것도 보장해줄 수 없는 만물의 아버지에 의해 산산이 부서질 때, 인간은 흔들리고 개인적으로 다른 피난처를 찾는다. 〈토르: 라그나로크〉에서 아스가르드가 멸망한 후 토르가 지구에 새로운 아스가르드를 재건하는 것도 같은 맥락이다.

이렇게 프로이트의 주장은 토르의 여정과 맞물린다. 종교는 환상, 아이의 신경증이다. 지식이 진보하면서 종교라는 환상은 차차 사라지게 될 것이다. 토르의 종교는 세상의 운명이 아스가르드와 만물의 아버지에게 달려 있다는 믿음에 있었다. 한창 반항하는 청소년처럼, 비록 오딘과 뜻이 늘 잘 맞는 것은 아니었지만 그래도 토르는 늘 아버지를 기준으로 삼아 자기 행동의 방향을 정했다. 아버지의 견해를 따르든 그렇지 않든 간에, 기준은 언제나 만물의 아버지 오딘이었던 것이다.

토르는 이처럼 유아 신경증의 다른 이름이라고 해도 과언이 아니다. 어릴 적의 인간은 세상의 질서를 설명하기 위해, 인간을 운명의 잔혹함과 화해시키고 다시 한번 무조건적인 사랑과 보호를 얻기 위해, 나아가 토르처럼 불멸을 약속받기 위해 종교를 필요로 한다. 토르는 신앙에서 지식으로, (아스가르드의) 도그마에서 앎으로 건너간 것이다. 기술은 그에게 스톰브레이커라는 신무기, 곧 묠니르의 대체물을 주었다. 묠니르는 신의 힘을 앞세우지만 스톰브레이커라는 이 우주 도끼에는 지식의 날이 서 있다. 토르는 지구에 정착하면서 새로운 삶을 발견하고 자기 백성을 신의 판단이 아니라 이성, 지식, 과학으로 다스린다. 게다가 〈어벤저스: 엔드게임〉에서는 자기 친구 발키리에게 지도자 역할을 넘겨주고 포트나이트 게임에 중독되기도 한다. 우리가 '유아 신경증'이라고 했던가? 그도 그럴 것이, 종교적 신앙을 포기한다는 것은 당연하지 않기 때문이다. 아무리 사실을 다 알고 있더라도 말이다. 이것은 무엇을 의탁해야 할지 알 수 없다는 어린 시절의 혼란, 나아가 인간적 혼란을 가리킨다. 프로이트는 인간이 어린 시절과 신앙에서 벗어나면서 과학으로 나아가게 된다고 말한다. 인간은 과학에 힘입어 마법적 설명과 결별하지만 죽음 앞에서 느끼는 혼란은 여전히 남는다. 맹목적 신앙 이후에 과학은 세상을 이성적으로 이해할 수 있게 해주었다. 그렇지만 디스토피아물 《왓치맨》(1986)에서 볼 수 있듯이 과학의 담론 또한 결함을 드러낸다….

왓치맨: 환상의 미래에서 문명 속의 불만으로

왓치맨은 동명의 코믹스에 등장하는 슈퍼히어로 집단으로, 그들의 역사는 1985년에 시작되었다. 이 집단에는 각기 개성이 매우 뚜렷한 캐릭터들이 모여 있다. 오지만디아스는 세계에서 가장 똑똑한 인간이자 무술 전문가다. 코미디언은 전직 제국주의자 용병이고, 나이트아울은 올빼미를 연상시키는 코스튬을 착용하고 배트맨처럼 여러 가지 기발한 장비를 사용하는 정의의 심판관이다. 실크 스펙터는 매력적인 외모와 그에 못지않은 전투력을 지닌 여성이다. 로어셰크는 그와 같은 이름의 심리 검사[17]를 연상시키는 가면을 쓰고 다니며 범죄 사건을 조사한다. 마지막으로, 닥터 맨해튼은 과학 실험의 실패로 신체가 완전히 분해되었다가 재조합된 이력이 있는 양자적 존재이므로 과거와 미래를 현재에 볼 수 있고 자기 몸은 물론, 주위 환경의 분자를 해체, 조합할 수 있으며 순간이동도 가능하다. 왓치맨에서 닥터 맨해튼은 초능력을 지닌 유일한 캐릭터인데, 이 초능력은 양자물리학이라는 과학의 진보

---

17 [옮긴이 주] '로어셰크'의 로마자 철자는 'Rorschach'로, 널리 쓰이는 심리 검사 중 하나인 로르샤흐 검사의 로마자 철자와 동일하다. 이 검사는 피검사자에게 형태가 모호한 좌우 대칭의 잉크 반점 그림 열 장을 보여주고 그에 대한 느낌, 연상되는 것 등을 진술하게 해 피검사자의 성격과 무의식적 심리 등을 분석한다.

에서 비롯된 것이다.

프로이트는 《환상의 미래》에서 외부 세계를 합리성에 기초해 이해하려는 "우리의 과학은 결코 환상이 아니다. 그러나 과학이 우리에게 줄 수 없는 것을 다른 데서 얻을 수 있으리라고 생각하는 것은 환상이다"라고 말한다. 인류를 범죄와 악에서, 그리고 무엇보다 인류 자신에게서 보호하려는 파수꾼 왓치맨의 모험도 결국 같은 이야기를 들려준다.

《왓치맨》은 서사 구조가 다소 복잡한데, 초반부에는 세계에서 가장 똑똑한 인간 오지만디아스가 세계 평화를 회복하기 위해 세운 계획의 내막이 숨겨져 있다. 다른 슈퍼히어로들은 가면을 쓴 슈퍼빌런, 범죄자, 외계의 위협과 맞서 싸우는데 그건 모두 오지만디아스의 이집트 파라오를 방불케 할 만큼 장대하고 음모론적인 계획의 일부다. 세계가 과학의 발전으로 공멸을 초래할 핵전쟁을 맞닥뜨리자 오지만디아스는 아주 단순한 계획을 세웠다. 세계가 더 큰 위험을 만나면 서로 죽어라 싸우는 국가들도 힘을 합칠 것이라는 계획을 말이다. 그는 모든 세부 사항을 조율하여 과학적 방법으로 외계 생명체를 가장한 거대한 괴물을 뉴욕에 착륙시키려 한다. 그로 인해 수백만 명의 사상자가 나오겠지만 그 대신 인류가 이 상상적 위험에 맞서 똘똘 뭉쳐 생존을 도모한다면 수십억 인구를 구하는 셈이라는 것이 오지만디아스의 생각이다. 그는 불굴의 이성을 명목으로 동료들에까지 연막을 치고 철저하게, 과학적으로 이 계획을 실행한다.

그러나 진실을 밝히기 위한 조사와 위험천만한 행동 끝에 왓치맨들은 오지만디아스의 계획을 알아낸다. 그리고 이 과정에서 진실, 지식, 도덕, 윤리라는 국면들이 서로 결합하면서 환상에 속하는 것이 드러난다. 과학 속에도 환상은 있으며 거기에는 죽음 충동이 결부되어 있다. 이때부터 등장인물들은 저마다 지식과 과학의 한 측면을 대표한다. 가령, 편집증적 조사관 로어셰크는 타협 없는 절대적 진실의 요구를 대표한다. 나이트아울은 인류의 생존에는 무지도 필요하다는 합의의 화신처럼 그려진다. 닥터 맨해튼은 진실의 폭로가 가져온 이득과 손실을 비교하는 수학적이고 논리적인 추론과 이성을 구현한다. 그리고 오지만디아스는 과학도 인류의 행복과 생존에 쓰여야 한다는 생각의 화신이다. 그는 앎을 신앙의 반열에 올려놓고 진실을 숨기는 한이 있더라도 인류를 인류 자신에게서 보호하려 한다. 오지만디아스는 다른 사람들이 모르는 것을 안다. 그리고 인류는 알기를 원치 않는다고, 인류는 그저 살아남고 욕망을 채울 수 있기만을 바란다고 주장한다.

과학과 지식이 정점에 이른 이 세계에서 신을 포기하고 과학적 지식에 귀의한 인류는 닥터 맨해튼에게서 그들이 일찍이 거부했던 신적인 능력을 지닌 존재를 보게 된다. 이 이야기의 결말은 신들만큼 많은 것을 약속하지는 않지만 외부 세계와 우리의 삶에 좀 더 영향을 미치게 해주는 과학의 문제를 다시금 제기한다. 그러나 한계는 여전히 남고, 왓치맨들은 바로 그 점을 지적한다. 과학도 굴곡이 있는 지점에서 인간의 두려움과 광신이라는 문제와 부딪히게 마련이고 그 끝에서 인류에게 선천적으로 내재하는 죽음 충동을 만난다. 과학도 결국 어쩔 수 없다. 이성은 이 문제를 맞닥뜨리고야 만다. 이것이 왓치맨들의 결론이다. 그래서 그들은 공동선이라는 대의 앞에서도 진실을 양보하지 않는 로어셰크를 제거하기로 결정한다.

결국 마지막까지 남는 문제는 인류가 무엇을 믿느냐 마느냐, 인류의 신앙, 누가 더 극심한 광신 혹은 음모론으로 인류를 바로 잡느냐다. 과학은 방법은 알려주지만 이유를 알려주지는 않는다. 끝까지 남는 빈칸을, 인간 정신은 자신의 불안과 두려움을 분석하면서, 혹은 어떤 타자가 줄 수 있는 즉각적 대답을 찾으면서 채운다. 오지만디아스는 스스로 그 타자가 되었고 인류를 보호하기 위해 인류를 대신해 선택했다. 이것은 과학의 이름으로 일어날 수 있는 파행이 아닌가? 우리가 과학이 해결할 수 있는 것 이상을 과학에 맡기면 과학도 일종의 신앙 체계를 세울 수 있지 않은가? 프로이트는 《환상의 미래》에서 신앙의 끝과 과학의 도래를 연결한다. 토르가 보여주었듯이 이 변화는 어떤 문명 속의 불만으로 이어진다. 과학은 실존적 불안에 답하지 못하고 인류에게 내재하는 증오를 억누르지도 못하기 때문이다. 프로이트는 이 불만에 대한 사유의 지표를 마련했다. 그리고 엑스맨들은 그들의 이야기를 통해 이 사유에 현대적인 시사점들을 더해준다.

알고 있었나요?

앨런 무어와 데이브 기번스의 신화적 코믹스 《왓치맨》은 〈300〉과 〈저스티스 리그 스나이더스 컷〉의 감독 잭 스나이더가 영화화했다.

이 영화감독은 등장인물들의 기원을 다루는 시리즈 《비포 왓치맨》과 HBO의 시즌제 드라마 〈왓치맨〉의 판권도 가지고 있었다. 이 영화는 자체적으로 내용을 담아내고 있기 때문에 코믹스나 TV 시리즈를 보지 않았어도 충분히 볼 만하며 신화적 코믹스의 분위기를 전해준다.

X-문화 속의 불만

엑스맨들은 하우스 오브 아이디어의 초기 작품이다. 만화계의 믿을 만한 콤비 스탠 리와 잭 커비는 1963년에 이 돌연변이 청소년들을 세상에 내보냈다. 이전의 슈퍼히어로들은 주로 어떤 사고를 계기로 초능력이 생겼지만 이들은 변이에 의해 초능력자가 되었다. 요컨대, 이 특성은 엑스맨들의 DNA에 새겨져 있었다. 그들의 초능력은 사춘기부터 발현되기 시작하는데, 사춘기가 개인의 신체적·정신적 재정비가 이루어지는 시기라는 점을 감안한다면 대수롭지 않게 넘길 부분은 아니다.

원래 프로페서 X나 그 밖의 초기 뮤턴트들의 돌연변이는 부모 중 한 사람이 감마선에 노출되었기 때문이라는 원인이 있었다. 하지만 이 아이디어는 금세 폐기되고 뮤턴트에게는 'X 유전자', 나중에는 'X 팩터'라는 특정 유전자가 있다는 설정만 남는다. 이 유전자는 사춘기부터 특별한 능력을 발현시킨다. 청소년들을 뮤턴트들로 변신시키는 외부 원인은 그제야 본색을 드러낸다. 그들은 원래부터 뮤턴트였지만 일종의 잠복기를 거친 셈이다. 이것은 충동이—마치 X 팩터처럼—신체적, 심리적, 사회적 변화의 시기인 청소년기를 맞아 깨어나기만 기다리며 잠들어 있는 심리 발달상의 '잠복기'와 비슷하다. 엑스맨들은 이렇게 청소년기란 무엇인가를 논하기에 딱 알맞은 패러다임을 제공한다.

사춘기: 뮤턴트 유전자의 각성

사춘기의 추진력은 충동을 깨울 것이다. 이것은 리비도의 폭발, 충동의 분출의 문제이자 파괴적 힘의 발현의 문제이다. 최초의 엑스맨 중 하나인 사이클롭스는 눈으로 무시무시한 빔을 쏘는데 자비에 교수, 일명 프로페서 X가 개발한 장비의 도움 없이는 이 빔을 통제할 수 없다. 프로페서 X는 자신의 보호 아래 뮤턴트들을 모으고 학교를 세워 엑스맨을 조직한다. 청소년기에 변하는 신체는 심리적 갈등의 상징적 표현 수단이 된다. 초기 엑스맨들은 이러한 신체적 변화와 정신적 변화를 전면에 부각했기 때문에, 뮤턴트들은 특히 청소년의 이미지로 나타났다.

그렇지만 다른 뮤턴트들도 있다. 거대한 손과 발의 비스트는 명석한 두뇌와 대비되는 동물적 면모를 지녔다. 앤젤은 거대한 날개로 중력을 거스르며 날아오른다. 아이스맨은 두꺼운 얼음으로 자기 몸을 보호하거나, 총알처럼 쏘거나, 미끄럼틀 같은 조형물을 만들 수 있다. 마블 걸은 손을 대지 않고 멀리 있는 사물을 이동시키는 '염력'을 구사한다. 그녀의 능력은 동료 중 한 명이 죽을 때 나타났다. 동료의 죽음이 감정을 폭발적으로 배출시키자 갑자기 무엇에 씐 듯 염력이 활성화되었다. 이 갑작스러운 능력의 발현은 마블 걸에게 동료의 죽음을 더욱 트라우마로 남게 하고, 그녀를 (발작에 대한 방어기제인) 긴장병 상태에 빠뜨린다. 정신 감응 능력이 빼어난 뮤턴트, 자비에 교수가 마블 걸을 그러한 상태에서 구해내고 염력이 시도 때도 없이 발현되는 일 없이 그녀의 리듬대로 발달할 수 있도록 차단해 준다.

비스트는 청소년이 동물적이라고 보고 억압하는 리비도의 충동과, 사유 수준에서 그 충동을 통제하려는 방어기제로서의 관념화 사이의 관계를 아주 잘 보여준다. 사이클롭스와 그의 옵틱 블래스트는 외부 대상, 즉 루비 석영 안경 없이는 조절할 수 없는 충동의 빔이다. 게다가 이 안경은 모든 것을 붉은색으로 보게 한다는 점에서 세상을 바라보는 시선을 바꾼다. 전투복과 일체형인 바이저는 '사이클롭스'[18]라는 코드명에 딱 맞을 뿐 아니라, 이상을 구현하는 청소년기 특유의 타협할 줄 모르는 시선과 긴장의 폭발적 해소를 상기시킨다. 모든 부분적 충동들이 하나의 충동으로 모이는데, 청소년이 으레 성 충동으로 모아내는 충동들이 여기서는 시선의 충동을 통하여 눈으로 집약되는 것이다. 하늘을 날아 도피할 수 있는 앤젤은 자기 삶에 지속적으로 영향을 미쳤던 부모와의 분리를 대하는 청소년의 모습을 보여준다. 앤젤은 자기 선조의 이

---

18 [옮긴이 주] '사이클롭스'라는 이름은 그리스 신화의 외눈박이 거인 '키클롭스'에서 따온 것이다.

름을 물려받아 워런 워딩턴 3세라는 본명을 갖고 있다. 세 번째로 같은 이름을 갖게 됐다는 사실은 부담스러운 것일 수 있다. 더구나 그가 가문의 상속자라는 점에서 더욱 그렇다. 그의 날개는 부모로부터 날갯짓 몇 번으로 달아나고 싶은 욕망을 상징한다고 할 수 있겠다. 아이스맨은 얼음 몸을 지닌 청소년으로, 유아적 태도로 쉽게 퇴행해 버리곤 하는 엑스맨의 막내다. 신체를 얼려버리는 그의 능력과 결부된 이 태도는 충동에 대한 청소년의 방어기제와 공명한다. 청소년은 자기를 억제할 때, 일종의 금욕으로 자기를 괴롭히고 성욕과 결부된 죄책감으로 욕망을 통제하려 한다. 성욕의 억제(바비 드레이크는 나중에 동성애자로 밝혀진다)와 그에 따른 아이스맨의 변화는—그의 능력은 엑스맨 중에서 가장 진전이 없는 편이다—능력의 억제라는 암시적 의미를 확고히 한다. 환경뿐만 아니라 자기 몸, 자기 충동까지 얼려버리는 아이스맨의 진정한 능력은 무려 40년도 지난 2015년에 비로소 새롭게 발현하기 시작한다.

알고 있었나요?

엑스맨들을 엑스팩터라는 이름으로 재조직하면서 사이클롭스, 아이스맨, 비스트, 앤젤, 마블 걸 같은 초기 엑스맨들도 다시 선을 보였다. 하지만 마블 걸은 공식적으로 사망했기 때문에 처음에는 돌아올 수 없었다. 그래서 소리를 빛으로 전환할 수 있는 여성 뮤턴트 대즐러가 마블 걸을 대신하기로 되어 있었다. 엑스맨을 기원부터 재정비하기로 하면서 진 그레이를 부활시키게 되었고 그녀는 피닉스와 분리된다. 이 소생은 피닉스에 반복되는 부활이라는 관념을 더해주었다. 하지만 그녀는 디스코 퀸으로 대체될 뻔하고 엑스맨은 '엑스맨 피버'가 될 뻔했다!

X와의 동일시

청소년기에 으레 나타나는 박해적 투사는 엑스맨들의 운명에 깊이 들어와 있다. 자꾸만 반복되면서 그들의 반응을 불러일으키는 주제가 이 심리기제의 본질 자체를 반영한다. 그들은 '낯선uncanny' 엑스맨이었다가 이후에는 항상 다음과 같이 소개된다. "세상의 두려움과 미움을 받던 그들이 세상을 지키기로 맹세했다." 뮤턴트들은 이 박해의 원칙을 구현하고 소수자의 사회 문제를 다루기 위해 이 과정을 사용할 것이다.

한편에는 박해적 투사가, 다른 편에는 투사적 동일시가 있다. 이 두 가지가 청소년으로 하여금 관념적 체계를 완전히 신봉하게 한다. 그래서 좋을 수도 있고 나쁠 수도 있다. 청소년기에는 사회적 불의를 고발하는 발언을 하는 특징이 있기 때문이다. 엑스맨들도 그들의 설립에 고유한 심리적 역학과 인종적, 문화적, 종교적, 성적 차이에 대한 타자의 증오를 의문시하는 사회적 입장 사이의 관계를 구현한다. 청소년기의 근본적 의문은 엑스맨의 시작부터 그들의 각기 다른 여정을 가로지르는 의문이기도 하다. 그들이 저마다 마주치는 정체성의 문제가 그것이다. 자비에 교수가 정신 감응력으로 지휘한 첫 번째 전투는 청소년기를 가로지르는 이 특징에 대해서 말해주는 바가 있다. 엑스맨들은 그들의 주적인 자기장의 지배자 매그니토와 대결하면서 힘을 합쳐 다른 담론의 유혹에 저항한다. 타자의 거부와 증오라는 그 다른 담론도 나름대로는 마음을 끌기 때문이다. 매그니토의 실질적 힘은 그가 자비에 교수와 이루는 스펙트럼의 한쪽 끝에서 엑스맨들을 끊임없이 새로운 세계관과 대결시키는 것이리라. 프로페서 X와 매그니토라는 한 쌍은 이처럼 엑스맨들이 두 가지 무의식적 불안 사이에 위치할 수 있게 해주는 정신적 장이다. 타자에게 무방비 상태가 되기 쉬운 청소년들은, 타자가 정신적 장에 침입할지 모른다는 불안, 그리고 반대로 자기를 우월한 존재로 높이기 위해 타자를 통째로 거부하고 증오하는 성향에 끌릴지 모른다는 불안에 시달린다.

정신적 침입은 프로페서 X의 정신 감응력과 관련되며 앞에서 언급한 투사적 동일시 기제를 참조하게 한다. 투사적 동일시가 병적으로 나타날 때는 영유아기에서 유래한 침입적 동일시 기제로 바뀐다. 영유아기에는 외부 세계와 자아가 완전히 구분되지 않고 아이는 마치 자기가 타고난 정신 감응력이나 염력이 있기라도 한 것처럼 주위의 사물과 사람에게 영향력을 미칠 수 있다고 생각한다. 엑스맨들의 생각에 명령을 직접 전달하는 프로페서 X는 이 스펙트럼의 한 극단, 즉 과도한 침입의 위험성을 나타낸다. 한편, 매그니토와 그의 브라더후드는 그 반대편의 극단, 즉 자아를 '호모 슈페리어Homo Superior'라는, 자기애를 북돋우는 시각에 두고 안심시키는 성향을 구현한다. 낯설고 적대적인 세상에서 안심하고 싶어 하는 청소년들에게 자기애를 북돋우는 비전은 매혹적이다. 엑스맨에게 '기이한uncanny'이라는 형용사가 붙는 것은 바로 이 관념, 청소년기로 인하여 정동이 역전됨으로써 세상이 그들에게 기이해졌기 때문이다. 엑스맨들이 평생 간직하게 될 이 'uncanny'에서 특별히 울림이 있는 것은 'un'의 효력, 예전에 있었다가 이제는 없어진 요소를 나타내는 부정, 물러남이다. 개인은 'canny'(통찰력 있는, 영리한)하게 되었다가 그다음에 어떤 요소가 이제는 없다는 의미에서 'uncanny'(기이한, 익숙하면서 낯선)해진다. 중요한 것은 사라진 X 요소를 되찾는 것이다.

X-프레션[19]: 문명 속의 불만

청소년들은 이렇듯 조금만 귀를 기울여줘도 자신이 사는 세상에 의문을 제기하는 특별한 자세를 갖고 있다. 변해가는 세상에서 극심한 변화를 겪는 청소년 뮤턴트들만큼 이 세상 속의 불만을 지적하기에 적합한 이들이 있을까? 파괴에서 창조까지 다양한 성향들, 바짝 달아오른 두 가지 충동에 사로잡힌 그들은 이제 문명 속의 불만을 지적함으로써, 달리 말하자면 그들이 현재 보고 있는 문명의 일탈과 파행을 지적함으로써 자신을 표현한다. 엑스맨들은 그들의 이야기를 통해 새로운 청소년기를 창조할 것이다. 최초의 엑스맨 다섯 명뿐만 아니라 다른 청소년 뮤턴트들이 합류한 다양한 조직들—새로운 '언캐니' 엑스맨, 뉴 뮤턴트, 엑스포스, 제너레이

---

19 [옮긴이 주] X-pression. 이 표현을 통해 저자는 'X-압력'과 '표현'이라는 두 가지 의미를 중의적으로 나타내려는 것으로 보인다.

션 엑스, 영 엑스맨, 제너레이션 호프—도 그렇다. 엑스맨들은 모두 청소년기의 극치를 나타내며 문명 속의 불만에 다양한 방식으로 대응한다. 최초의 엑스맨 세대는 핵전쟁의 공포에서부터, 국가들은 무력한데 지구 전체가 무너질지 모른다는 불안까지 경험했다. 특히 《X의 여명》과 《X의 힘》은 그러한 상황을 반전된 거울 속의 상처럼 그려 보였다. 세상의 종말과 어른들의 무력함에 맞서 새로운 시작, 새로운 힘이 등장한 것이다. 이처럼 엑스맨들의 청소년다운 질풍노도는 사춘기의 폭발과 그로 인한 변이의 시각에서 바라본 세상의 원동력을 밝혀준다. 방황, 낯섦, 주변성은 청소년기의 특징이자 이 뮤턴트 집단들의 고유한 요소다.

프로이트는 《문명 속의 불만》(1929)에서 고통이 자기 신체, 외부 세계, 그리고 타인과의 관계라는 세 측면에서 온다고 지적한다. 신체는 해소, 통증, 불안의 장이다. 외부 세계는 초강력하고 무자비하며 파괴적인 힘을 우리에게 떨칠 수 있다. 그리고 타인과의 관계는 우리가 느끼기에 따라 그 무엇보다 고통스러울 수 있다.

《언캐니 엑스맨 Vol. 1 #95》(1975) 초기부터, 강경파는 죽음을 발견하고 동료들에게 이것이 그들 모두에게 예정된 운명이라고 말하게 한다. "우리가 이 일을 하는 한, 조만간 모두에게 닥칠 일이야." 사이클롭스는 주위를 맴도는 죽음을 마치 사형선고 내리듯 상기시킨다. 청소년은 이러한 현실을 거세 불안이 다시 살아난 것처럼 받아들인다. 청소년 혹은 뮤턴트의 활발하게 움직이는 몸은 그들에게 그 몸에도 시작과 끝이 있음을, 이 현실과 타협해야 한다는 것을 일깨운다. 초강력하고 무자비하며 파괴적인 힘을 지닌 외부 세계에 대해서 말하자면, 뮤턴트를 죽이기 위해 설계된 거대 안드로이드 센티널들이 엑스맨의 모험 초기부터 등장한다. 이 파괴와 압제의 화신들은 외부 세계와 그 위험을 나타낸다. 센티널들은 X 유전자를 판별하여 뮤턴트를 추적하고 살상할 수 있다. 다시 말해, 그들은 차이를 이유로 다음 세대를 아예 뿌리 뽑겠다는 의지를 나타낸다. 타인과의 관계라는 면에서는, 뮤턴트들은 다른 사람들에 대한 공포와 증오를 느끼면서 쾌락 원칙에 입각해 비난받아 마땅한 길을 걸어가는 주변적 인물들에게 어쩔 수 없이 끌린다. 청소년은 그 사이에서 자신의 차이를 고통스럽게 살아낸다. 세상은 자기를 이해해 주지 않는데 자기도 세상을 이해하지 못하겠고, 그 세상에서 자기를 보호하면서도 그 안에서 어떤 역할을 해야만 한다.

문화 프로젝트의 부재는 동일시의 결여를 낳고, 욕망하는 동요는 문명의 상징들 속에 자리매김하기를 어렵게 만든다. 이처럼 청소년기는 마치 돌연변이처럼 반전된 거울의 상 속에 자기를 위치시키고 문명에 대한 불만을 징후로 드러낸다. 뮤턴트들은 아무것도 계승하지 않았기 때문에 평화의 학교를 세울 것이다. 그들은 광기 어린 증오의 일차적 대상이었지만 그에 대한 답으로 관용을 호소한다. 전제주의 사회에서 그들은 눈에 띄지 않게 움직일 것이다. 자원을 소진하다가 멸망해 버릴 세상에서 그들은 비옥한 땅에 새로운 새벽이 와야 한다고 역설할 것이다. 자신의 죽음을 부인하는 문명에 대해 그들은 소생의 매뉴얼을 만들 것이다. 모든 연결이 느슨해지는 세계에 맞서 그들은 한데 집결할 수 있는 대문들을 만들 것이다. 그들은 과거의 적들과 겸상할 것이다. 아포칼립스는 그들의 마법사가 되고, 매그니토는 과거를 씻고 자비에 교수와 구원의 이인조를 결성할 것이다. 하지만 그렇더라도 압제적 현실 세계에 대한 응답으로 위험과 환상의 문제, 달리 말하자면 가식과 베일의 문제가 여전히 배경에 남아 있을 것이다.

투명성을 떠받드는 세상에서 엑스맨들은 그림자를 그들 세상의 일부로 삼는다. 설령 그 그림자로 인해 고통스러워질지라도 말이다. 뮤턴트들에게나 청소년들에게나 그것은 자기 신체와 정신을 문명 속의 불만을 드러내는 징후로 삼은 대가다. 엑스맨의 부화éclosion는 이 단어의 어원, 즉 라틴어 'exclaudere'를 들여다보게 한다. 우리가 잘 아는 '배제, 배척exclusion'이라는 단어도 동일한 어원에서 나왔다. 엑스맨들은 청소년기의 꾸준하면서도 각기 다른 모습들로서, 그들의 원동력에는 이 두 측면이 다 있다. 부화와 배제, 이것이 청소년의 핵심 관건이다. 그가 문명에 맞서기만 하는 게 아니라 그가 지닌 미지의 X 요소로 문명 창조에 참여할 수도 있을 때를 기다리는 동안은 그렇다. 결정되지 않은 이 X는 정체성의 불편을 일으키는 모든 원인들에서 구체화되고, 불의와의 싸움을 지배하며, 배제 너머의 부화를 보기 원하는 모든 이에게 사회 진보의 촉매가 될 것이다.

죄책감은 뮤턴트들과 청소년들에게 고유한 감정처럼 나타난다. 그들은 프로이트가 《문명 속의 불만》에서 강조했던 "에로스와 죽음, 생의 본능과 파괴 본능 사이의 영원한 투쟁"에 맞닥뜨린다. 이 투쟁은 상호 모순적인 감정들의 갈등을 낳는다. 프로이트는 이 갈등이 "인간이 공동생활이라는 과제에 직면하자마자 벌어지기 시작한다"고 말하고 이렇게 덧붙인다. "문명은 인간 내면의 성 충동에 복종하여 인간들을 긴밀한 집단으로 통합하려 하기 때문에, 죄책감을 강화해야만 집단 형성이라는 목적을 달성할 수 있다. 아버지와 더불어 시작된 갈등은 집단과 더불어 완성된다." 문화는 정신적 DNA에 선천적으로 새겨져 있는 양가적 갈등이다. 엑스팩터는 에로스와 죽음 충동 사이의 영원한 불화의 결과이고, 죄책감은 언제나 더욱 무겁다.

엑스맨들은 차이의 X 유전자에 죄책감이 결부되기라도 한 것처럼 이 감정에 유독 시달린다. 그들은 이 죄책감이 자기가 무슨 잘못을 저질러서가 아니라 인간 존재의 기원에서 비롯된 것임을 보여준다. 인간은 탄생하고 집단을 이루기 위해 아버지를 죽인다. 뮤턴트는 탄생함으로써 X 유전자 없는 인간을 죽인다. 자기 안에 부모의 죽음을 품고 그들은 이미 케케묵은 옛날 사람이라고 선언하는 청소년처럼 말이다. 이것은 그의 부화에서부터, 그의 가장 무서운 변이 유전자가—다름 아닌 생식 능력이—발현한 때부터 정해진 일이다.

엑스맨들은 기성세대의 파괴라는 X 세포를 품고 있다. 이 파괴를 상쇄하는 것은 문명 속의 불만을 문제시하는 다양한 표현을 통하여 새로운 충동을 창조하고 승화하는 그들의 능력이다. 그들은 이 문명의 자발적인—때로는 희생당하기도 한—피해자인 동시에 위험을 경고하는 징후다. 모든 세대는 그 세대의 청소년에게 불가피한 구원의 변이를 맡긴다. 그러한 움직임은 전달인 동시에 단절이다. 하지만 이 단절은 해체가 아니라 패러다임을 수정하는 새로운 X의 기능이다.

핵전쟁 시대에서 핵가족으로: 증오의 기원

"세상의 두려움과 미움을 받던 그들이 세상을 지키기로 맹세했다." 이것이 두려움을 사는 존재들인 엑스맨들의 기이한 모토다. 엑스맨들은 어벤저스, 판타스틱 포, 디펜더스, 챔피언스, 그 외 다른 슈퍼히어로 집단과 달리 항상 공포와 증오의 대상이다. 하지만 그들도 다른 슈퍼히어로들처럼 초능력을 갖고 있고 공동선을 위해 싸운다. 그렇다면 이 증오는 어디서 오는가? 뮤턴트들이 분리와 죽음을 나타내기 때문에 증오를 불러일으킨다고 보면 틀림없을 것이다.

돌연변이들, 특히 엑스맨이 진화의 다음 단계—호모 사피엔스 다음에 출현한 호모 슈페리어라든가—를 대표하고, 비록 그들의 멘토는 평화로운 공존을 이상으로 삼지만 그들의 단순한 삶은 인간들에게 죽음과 다르지 않다. 현실에서 기성세대를 잇는 다음 세대의 경우도 다르지 않다. 인간은 다음 세대에 대하여 사랑과 증오를 동시에 느끼게 마련이다. 크로노스는 자기 자리를 빼앗기지 않기 위해 자식들을 모두 잡아먹었다지만, 우리 문명은 이 감정에서 증오가 차지하는 부분을 억압한다. 하지만 프로이트는 증오도 인간 존재와 문명의 구성 요소라고 말한다. 증오가 반복적으로 사회에 회귀하는 것을 보면 알 수 있다. 이 내재적 증오에서 사회적 금지들이 태어난다. 그 금지들이 증오라는 감정을 억누르는 구실을 하기 때문에 결과적으로 사회적 관계는 안정된다. 하지만 증오가 인간의 구성 요소라면 엑스맨들에게도 예외는 아니다. 그들은 곧잘 이 적대적 감정에 시달리는 것으로 묘사되지만, 사실 이 증오는 애초부터 그들을 관통했다. 뮤턴트들은 증오가 그 누구에게도 예외가 아닐 뿐 아니라 가족이나 사회집단 내에서 미움을 받는 이들에게도 해당한다는 것을 보여준다. 그렇다면 엑스맨들을 관통하는 증오의 발생을 어떻게 파악할 수 있을까?

엑스맨의 기원을 살펴보면 이 집단의 창시자 찰스 자비에 교수에게 케인 마코라는 의붓형제가 있다는 것을 알 수 있다. 케인은 찰스의 의붓아버지이자 핵물리학 연구자 커트 마코의 아들이다. 케인이 세 살 때 부모가 이혼했고, 바로 그 시기에 찰스의 친부이자 같은 핵물리학 연구자 브라이언 자비에는 사고로 죽었다. 엑스맨을 이루게 되는 뮤턴트는 이와 같은 핵가족의 재구성에서 비롯되었다.

커트 마코가 샤론 자비에와 재혼한 이유는 그녀가 엄청난 부자인 데다가 영특한 아들 찰스를 자기 친아들 케인보다 더 아꼈기 때문이다. 이 때문에 케인은 어린 찰스가 눈에 띌 때마다 격렬한 적의를 드러낸다. 찰스 자비에는 열 살쯤 초능력이 발현되기 시작하는데 처음에는 자기 능력을 잘 통제하지 못한다. 이때 의붓형제 케인의 마음을 읽으면서 그가 자기 친부에게 폭력과 학대를 당한다는 사실을 알게 된다. 케인은 엄청난 수치심을 안고 있었고 의붓형제 찰스에게 원한을 품고 있었다. 뮤턴트 의붓형제는 아버지 옆에서 아들 자리를 차지했을 뿐 아니라 그의 정신에 침입해 부끄러운 비밀들까지 다 알아버렸다. 그리하여 찰스 자비에와 케인 마코는 어른이 될 때까지 적대적 형제 관계를 유지한다. 케인 마코는 고대의 악마와 관련된 보석을 발견하고 엄청난 힘을 얻어 그 악마의 아바타이자 '멈출 수 없는 자' 저거노트가 된다. 걷잡을 수 없는 증오가 육신이 되었다. 이때부터 형제는 수시로 대결을 펼친다.

찰스와 케인의 근원적 신화는 사랑과 증오라는 양가적 감정으로 이루어진 이 형제간의 경쟁을 보여준다. 이 감정에 아버지의 사랑에서 차지하는 자리라는 문제가 추가된다. 거울 속에 비친 타자의 모습은 자기에게서 보고 싶지 않은 부분을 보게 한다. 이때부터 타자에 대한 증오는 자기 안에서 부정당한 모든 것의 아바타가 된다.

이 근원적 이야기에서 부친살해가 이 시점에 끼어든다. 케인은 자기 아버지 커트 마코가 찰스의 친부의 죽음에 관여했다고 고발한다. 커트 마코는 변명을 하지만, 케인은 아버지의 실험실을 파괴한다. 이때 화학물질에 불이 붙는데 커트는 찰스와 케인을 겨우 구해내고는 자신은 유독한 연기를 너무 많이 마셔서 죽고 만다. 커트 마코는 마지막 숨을 거두면서 찰스에게 그의 아버지를 구할 수 있었는데 구하지 않은 것을 용서해 달라면서 그의 능력을 감추고 살 것을 당부한다. 케인은 숨어서 이 고백을 엿듣고 자기 아버지와 의붓형제 사이에 또 하나의 동맹이 맺어졌다고 생각한다. 그리고 이때부터 찰스를 자신의 불구대천의 적으로 여긴다.

케인 마코의 아버지는 친아들을 학대하고 의붓아들을 더 사랑했다. 그래서 케인의 아버지에 대한 증오는 의붓형제에 대한 증오로 변했다. 여기서 증오의 원동력은 탐내고 기대하던 유산이라는 차원에 있는 듯하다. 케인 마코가 사랑과 유산이 다른 사람에게 넘어가는 것을 보자 그의 사랑은 증오로 변했고 이 감정은 전위에 의해 아버지가 아니라 뮤턴트 찰스 자비에에게 집중되었다.

프로이트에게 이 증오는 개인이 외부 세계에 속한 실제 대상들과 맺는 관계에서 기원하는 것이다. 개인은 자기에게 불쾌의 원인이 되는 모든 것을 미워하고, 혐오하고, 파괴하려는 의도를 품는다. 증오는 내밀한 감정과 사회적 표명의 연결부에 위치한다는 특성이 있다. 내밀함은 대상들을 통해서, 가까운 사람들에 대해서, 자기중심적인 불쾌감을 이유로 증오심을 만든다. 사회는 이 증오심을 수거하여 사적 증오보다 훨씬 용인할 만한 집단적 대상을 부여한다. 이로써 증오가 자기 자신에게 향하는 경우와는 달리, 개인의 운명은 피해를 입지 않는다.

핵가족이든 재혼가정이든 구성원들끼리의 경쟁심과 증오의 기원은 집단들 사이의 투쟁이 융합되는 도가니에 해당한다. 금지는 사회적 증오와 공격성을 충분히 만족시키기를 포기하라고 요구한다. 차이에 기초한 갈등은 특별한 배출구를 제공한다. 이렇게 형제살해는 집단 간 투쟁으로 귀착된다. 게다가 뮤턴트들의 경우는, 같은 브라더후드끼리는 서로 초능력으로 해를 입히지 않는다. 다른 데서는 전혀 통용되지 않는 이 특징은, 뮤턴트들이 형제살해라는 근원적 증오를 잘 보여준다는 생각과 일맥상통한다. 이 근원적 증오는 종교, 집단, 성, 정체성 등의 층위에서 타자에 대한 증오, 차이에 대한 증오로 진화한다. 차이들을 헤아리자면 끝이 없고, 억압된 증오는 이를 기반으로 이동한다. 찰스와 케인의 경우 이 증오의 기원을 주로 설명하는 것은 부친살해—프로이트가 금지들의 토대라고 했던—와 더불어, 자신에게 돌아와야 할 사랑과 쾌락을 박탈하는 타자를 파괴하고자 하는 심리다.

뮤턴트에 대한 종교적 근본주의자들의 증오에서도 이 세 가지 원동력은 마찬가지로 발견된다. 종교적 근본주의자들은 그 돌연변이들도 신에게서 나왔다는 것을 받아들이지 않는다. 그리고 같은 논리에서, 아버지 혹은 신의 존재는 아이에게 모든 사랑을 주어야 하는 애정 어린 존재로 인식된다. 그 존재가 다른 아이(뮤턴트)를 선택한다면 그 유산을 강력하게 요구하고 타자를 증오로 제거하기 위한 부정에 들어가는 것이다. 이것은 형제간의 경쟁심, 찰스와 케인 사이의 경쟁심과 동일한 기제다. 이때도 증오는 아버지 혹은 신에게로 향하지 않고 사랑의 대상에게로 향한다. 이로써 절대적 대타자의 존재는 더럽히지 않고 여전히 사랑과 헌신을 바칠 가치가 있는 대상으로서 지킬 수 있는 한편, 증오는 부당하다고 선언된 대상에게 옮길 수 있다.

엑스맨 이야기에서 볼 수 있는 이 논리는 뮤턴트들이 유산과 차이의 결합에 대해서 말하는 바를 나타낸다. 그들은 유산을 요구했으나 거부당했고 그들의 차이는 우리 사회에서 차이가 으레 그렇듯 증오를 불러일으킨다. 타자에 대한 증오는 사회에 작동하는 차이에—그 차이가 유전적이든, 종교적이든, 성적이든, 그 밖의 것이든—근거한다. 엑스맨들은 사회와 함께 변하면서 이 미움

받는 타자를 차례로 대표하게 될 것이다. 그들은 때로는 자기도 모르게, 증오의 새로운 형태들의 아바타가 될 것이다. 엑스맨들은 그들의 삶을 통해 개인이 이 증오를 초월하게끔 힘쓴다. 그들은 행동으로 인간이 자기 동족에게 탐내는 부분을 이해하려 노력한다. 정신분석에서 상징적 풍요를 파악하고 타자에 대한 증오를 타자에 대해서 알고 싶은 욕망으로, 요컨대 앎에 대한 욕망으로 이끌어가듯이 말이다. 증오와 무지에 대한 욕망은 사촌간이다. 이렇게 볼 때 자비에 교수는 뮤턴트 프로이트 교수 비슷하다. 사람의 생각을 읽지만 침입하지는 않고, 죄, 비밀, 판단 착오를 비난받을지언정 아이들을 성장시키기 위해 그것조차 참을 줄 아는 아버지와 같은 존재 말이다.

임상적 설명: 형제자매 간의 경쟁심

형제자매 간의 경쟁심은 상담에서 자주 나오는 얘기는 아니다. 그렇지만 심리치료를 진행하다 보면 표면적인 상담의 이유—어떤 문제 행동, 후퇴로 드러나는 절망감, 분노나 그 밖의 징후적 표현들로 나타나는 고통—가 동기간의 경쟁심, 질투, 나아가 증오와 연결되어 있는 경우가 드물지 않다. 다만, 그 요소를 떠올리기는 아이는 물론이고 성인에게도 쉽지 않다.

동생이 태어난 지 얼마 안 됐는데 너무 밉다, 혹은 누나 때문에 자기가 억울하게 벌을 받았는데 엄마 아빠는 누나만 좋게 봐서 억울해 죽겠다, 아이 입장에서 이런 말을 하기는 쉽지 않다. 부모는 자식들이 실랑이하는 정도는 편하게 받아들이지만 암묵적으로는 그들이 그렇게 종종 싸우면서도 동기간의 '우애'를, 나아가 공모 의식을 쌓기를 기대하고 바란다. 가족 내에서 증오심은 양질의 경쟁심이라는 명목으로 일반화되고 보편화된다. '재혼' 가정에서도 부모는 새로 만들어진 가족 구성원들이 빠르게 결합하기를 열망한다.

엑스맨들의 오랜 라이벌은 브라더후드 오브 이블 뮤턴츠였다. 그들은 엑스맨과는 반대로 그들의 형제가 아닌, 다시 말해 뮤턴트가 아닌 인간들을 당당하게 증오하고 나선다. 요컨대, 이 브라더후드를 단결시키는 원동력은 뮤턴트 아닌 자들에 대한 미움이다. 우리는 여기서 특정 집단이나 공동체의 표현 양상을—증오가 밖이 아니라 안으로 향하는 양상을—볼 수 있다. 언뜻 보기에는 이블 뮤턴트들은 인간에게 적대적인 것 같지만, 그들의 명칭 자체가 다른 뮤턴트, 그들이 보기에는 '충분히 뮤턴트답지 못한' 뮤턴트에게 증오를 돌린다는 것을 알려준다. '이블 뮤턴츠'라는 표현은 일단 기본적인 이분법에 입각해 있고, 그들이 '착한' 뮤턴트들에 반대한다는 뜻이다. 결국 '이블 뮤턴츠'는 다른 뮤턴트들보다 자기네가 우월하다고 주장하고 그 열등한 뮤턴트들을 증오한다. 관건은 존재하는 것, 자신을 차별화하는 것, 대타자에게 압제당하고 부정당한다고 느끼지 않는 것이다.

원래부터 동기간이든 재혼가정에서 동기간이 되었든, 그 관계 속에 자기 자리가 있다고 느끼는 것이 늘 당연하지는 않다. 증오심은, 특히 빼어나거나 귀여움과 애정을 독차지하는 동기에 대해서 자신의 존재 욕망을 표현하는 수단으로 분출될 수 있다. "모든 자식을 똑같이 사랑한다"는 어른들의 말이 그러한 증오심을 더욱 부채질한다. 아이에게, 혹은 그 아이가 어른이 된 후에도, 부모의 그런 말이 자신과는 영 딴판인 형제 혹은 자매를 미워하는 이유가 된다. 아이는 유일무이한 존재로서 사랑받고 인정받기를 원한다. 한 덩어리로 묶어 똑같이 사랑받는다는 것은 자신을 차별화하기 위해 잠재적으로 증오 쪽으로 이동할 수도 있다는 뜻이다.

우리가 지금까지 보았듯이, 증오의 이유는 자기 아닌 다른 사람이 부모라는 대타자를 더 많이 누리고 더 많은 것을 받는다는 생각이다. 이 생각을 해체하면 증오심을, 때로는 잘 설명되지 않는 분노나 소란스러운 행동을 진정시킬 수 있다. 이것이 환원 불가능한 증오의 부분을 관계의 회로 속에 돌려놓는다. 그 부분이 이제 형제애와 결합하여 서로에게 발전의 원동력이 되는 관계를 형성한다. 증오와 사랑은 서로 경쟁하는 두 당파처럼 적대적인 관계가 아니다. 2020년의 엑스맨 에피소드들이 그렇듯, 그 둘은 서로 유기적으로 결합한다.

《X의 여명》, 이어서 《X의 지배》에서 과거에 라이벌 관계였던 뮤턴트들은 하나로 뭉친다. 같은 섬에서 밀착해 있는 사랑과 증오, 라캉은 이것을 애증이라고 불렀다. 사랑과 증오는 대립하기는커녕 동일한 목표, 즉 존재한다는 감정으로 나아가기 위한 두 개의 원동력이다. 다른 죽음의 위협들은 남아 있기 때문에 이 감정은 덧없기 그지없지만 말이다.

엑스맨이 나타내는 청소년기와 문명 속의 불만에 대한 반향은 분리된 세상에서 통일을, 증오의 세상에서 화해를, 환경과 기술을 대립시키는 세상에서 기술생태학을, 죽음의 세상에서 부활을, 타락의 세상에서 새로운 종교의 도래를 보여준다. 불확실하고 위협받는 미래에 대하여 교리 없는 믿음을 보여준다. 엑스맨들은 환멸과 세상의 불만에 맞서 우리에게 반드시 필요한 구원의 변이를 보여주는, 반전된 상의 거울이 아닐까?

결론

저항하는 것

프로이트는 〈전쟁의 환멸〉(1915)에 이렇게 썼다. "인생이 한 수만 삐끗해도 승부를 포기해야 하는 체스 게임과 같다는 것은 너무나 슬픈 일이다. 다만 인생은 체스와 달리 한번 지면 그것으로 끝이고 설욕전을 가질 수 없다는 차이가 있다. 허구의 영역에서는 우리가 필요로 하는 수많은 삶을 찾을 수 있다. 우리는 소설 속 주인공과 우리 자신을 동일시하고, 그 주인공과 함께 죽는다. 그러나 실제로는 살아남아서 또 다른 주인공과 함께 다시 죽을 준비를 한다."

슈퍼히어로들은 수많은 삶을 사는 이 기쁨을 가져다 주고, 그 삶들을 특징짓는 중요하고 근본적인 한 가지 요소를 첨가한다. 그들은 무한정 부활할 수 있든가, 슈퍼히어로 고유의 표지를 달게 될 새로운 등장인물을 통해서 되살아난다. 그래서 어떤 세계에서는 스파이더맨이 죽고 마일스 모랄레스가 피터 파커를 대신한다. 또 어떤 세계에서는 토르가 힘을 잃고 제인 포스터가 망치를 든 토르가 된다. 캡틴 마블이 죽자 모니카 램보와 캐럴 덴버스가 대표적으로 그 이름을 이어받는다. 배트맨이 죽자 로빈으로 활동했던 딕 그레이슨이 브루스 웨인이 돌아올 때까지 베트맨의 코스튬과 이름을 썼다. 울버린이 죽고 그의 이름과 코스튬을 이어받은 사람은 울버린의 여성 클론 로라 'X-23'이다. 슈퍼히어로들을 불멸의 존재로 만드는 부활과 인수인계 외에도 이러한 전달은 시대에 알맞은 새로운 정체성을 부각시키기에 좋은 기회다. '얼티밋' 유니버스에서 스파이더맨의 계승자 마일스 모랄레스는 뉴욕에 사는 흑인-히스패닉 혼혈 청소년이다. 천둥의 신 토르의 계승자는 여성인 제인 포스터이고, 배트맨은 팀 폭스라는 흑인을 후계자로 맞이하게 될 것이다. 울버린이라는 이름도 로라 키니, 일명 'X-23'이라는 여성이 이어받는다. 슈퍼맨의 계승자는 여러 버전으로 나타나는데 그중에는 중국인 슈퍼맨 콩 케난도 있고, 평행세계인 지구-23의 흑인 '대통령 슈퍼맨' 캘빈 엘리스도 있다.

슈퍼히어로들과 슈퍼히로인들은 이처럼 사망이나 부활을 계기로 탈바꿈하여 지금까지 드러나지 않았던 사회적 소수자들에게 가시성을 제공한다. 엑스맨의 아이스맨, 스칼렛 위치의 아들 위컨, 카리스마 넘치는 배트우먼 같은 캐릭터들은 동성애자임을 전면에 드러낸다. 원더우먼이나 울버린의 아들 다켄처럼 양성애를 표방하는 캐릭터들도 있다. 성 정체성이 유동적인genderfluid 슈퍼히어로들의 등장은 사회가 실제로 그렇게 구성되어 있음을 보여준다. 이로써 저마다 자신의 차이, 성적 지향, 특이성을 인정받고 자신을 자신의 감성에 부합하는 슈퍼히어로와 동일시할 수 있다.

그 이유는 슈퍼히어로야말로 인정 욕구의 이상적 지지대이기 때문이다. 슈퍼히어로는 개인의 정체성에 와 닿는 의상과 장비 일체를 제공할 수 있을 뿐 아니라 개인이 충분히 동일시할 수 있는 개성적 특징들을 보여준다. 마치 거울 효과처럼 슈퍼히어로를 보면서 어떤 부분은 자신과 무척 비슷하다고 느끼고 자신의 환상에 구체성을 부여하게 되는 것이다. 등장인물들이 예상 밖의 행보를 보일 때 독자들이 분개하면서 이건 '그들의' 배트맨, 슈퍼맨, 혹은 스파이더맨이 아니라고 부르짖는 이유가 여기에 있다. 저마다 슈퍼히어로를 자신의 틀, 동일시, 욕망의 탐색 속에서 받아들인다는 증거라고나 할까. 슈퍼히어로들은 동일시의 지지대이자 인정의 매개가 된다. 그들이 의식과 무의식으로 드러내는 것, 그들의 캐릭터와 각자가 전하는 진실을 떠받치는 것을 통하여 인정 욕구의 용광로가 형성된다. 특정 슈퍼히어로와의 자기동일시는 그 슈퍼히어로를 통하여 자신이 인정받는 기분을 느끼게 한다. 그리고 단순한 인정 욕구를 넘어 자기만의 고유한 욕망을 알아차리게 한다.

지금까지 슈퍼히어로들의 숨겨진 욕망과 고유한 특징을 살펴본바, 특정 슈퍼히어로에게 느끼는 애착은 가려져 있던 무의식적 차원의 욕망의 한 부분을 말해주게 마련이다. 또한 그 애착에는 어떤 내면의 신화가 담겨 있고, 자기 정신의 일면들을 발견하기 위해서는 그 신화를 뜯어볼 수도 있어야 한다.

동일시의 다양한 가능성을 넘어 슈퍼히어로 및 슈퍼히로인들을 하나로 묶어주는 것은, 자신의 균열과 상처를 극복하고 그것들을 오히려 자신의 힘으로 삼는다는 원칙이다. 이것은 수월한 회복탄력성이 아니라 한 걸음 한 걸음 나아가는 정복의 문제다. 그들의 성, 젠더, 피부색을 초월하는 것은 이 삶 충동에 있다. 이 충동이 그들을 상처, 무능, 거세를 넘어 자신의 욕망을 신체와 운동 충동에 단단히 뿌리 내리게 한다. "뭐든지 축 처져 있는 것보단 낫다!"는 그들의 집합 구호라고 해도 과언이 아닐 것이다.

슈퍼히어로들은 이처럼 프로이트가 제시한 근본 원칙을 보여준다. "생명체는 징후다. 생명체는 저항하는 것이다." 프로이트는 건강한 인간을 몸의 침묵이나 충만하고 원대한 감정과 결부시키지 않았다. 그는 생명체가 불안정한 균형에 점근선적으로 도달하기 위해 부단히 싸우고 있다고 보았다. 그 균형은 언제고 무너지기 십상이지만 그럼에도 반드시 필요한 것이다. 저항 없는 생명은 없고, 죽음 충동 앞에서 갈등하지 않는 생명은 없다. 죽음 충동은 죽음 그 자체가 아니라 파괴성 혹은 고정성fixité이다. 수동성, 무위無爲, 무감각 상태가 슈퍼히어로들에게는—우리 문명과 우리 정신을 반영하듯—진정한 불변의 적이다.

슈퍼히어로들의 결코 끝나지 않는 싸움은 정신분석이 그렇듯 우리의 정신적 삶과 그 삶이 우리 문명 속에서 표현된 바를 설명해 준다. 그들은 우리 자신의 가장 깊은 곳에서 우리가 어떻게 정의되는지 알려준다. 우리의 저항과 삶 충동을 일상 속에서 승화하여 그들에게 어떤 일관성을 부여하는 것은 우리 몫이다. 슈퍼히어로들의 자본상품화와 게임 캐릭터화에도 불구하고, 그들은 언제나 혼란을 마주하는 캐릭터들로서 전복적 성격을 유지할 수 있어야 한다. 인간을 인간답게 구성하는 것의 슈퍼히어로적이고 무의식적인 근간을 살펴본바, 결국 그들은 의문을 던지고, 움직이고, 저항하는 존재로 구현되어야만 한다.

에필로그

어떤 이야기도 에필로그 없이는 완성되지 않는다. 마지막 자막까지 다 올라가고 난 후에 나오는 장면, 지금까지 읽은 내용에 대한 재해석의 제안, 그리고 코믹스에서 주로 그렇듯 다양한 전망 열어두기가 에필로그에 해당한다.

유대인들이 그들의 독서를 통해 정신분석학을 만들었고 그들의 상황을 통해 슈퍼히어로를 만들었다면 우리는 정신분석학을 만든 유대인성judéité과 슈퍼히어로를 만든 유대인성이 어떻게 연결되는지 의문을 가져볼 만하다. 그것은 모든 교리, 나아가 모든 종교적 측면에서 벗어나 있는 유대인성, 일종의 비종교적 신비주의와 결합한 유대인성이다. 아모스 오즈가 그의 딸 파니아와 함께 쓴 〈말에 의한 유대인들〉이라는 에세이에는 이런 가설이 있다. 모든 책에 나오는 '유대인'이라는 단어를 '독자'로 대체해도 말이 된다는 것이다! 그래서 이런 결론이 나온다. 텍스트를 다시 읽어내는 능력을 보이는 사람은 유대인이다. 이 전환으로 인해 유대인성에 대한 정의는 따로 내리지 않을 것이다. 그것을 정의하기란 불가능하니까. 또 하나의 불가능성이다! 이처럼 슈퍼히어로를 처음 창조한 이들은 정신분석을 처음 창조한 이들과 공통점이 있었으니 그건 바로 텍스트를 다시 읽어내는, 신화와 징후를 다시 읽어내는 슈퍼히어로적 능력이다. 밥 말리가 "나는 시온의 사자와도 같은 강철이 될 거야I'm gonna be iron, like a lion, in Zion"라고 슈퍼히어로의 기원들과 닮은 노랫말로 노래했을 때, 이후의 자메이카 흑인들도 이런 의미에서는 유대인인 것이다. 유대인성을 그런 식으로, 다시 읽을 수 있기에 가능한 슈퍼히어로와 정신분석 사이의 연결성으로 정의하면 우리도 유대인일 수 있다. 우리는 우리가 되고 싶은 존재라고 주장할 수 있고 그때부터 그 욕망을 북돋우는 말이 우리의 정체성과 인간다움을 탄생시키는 것처럼 말이다. 결국 말, 다시 읽기, 여기에서 비롯되는 세상과의 관계야말로 인간의 가장 중요한 능력들에 해당하지 않는가?

참고문헌

정신분석학 서적

Freud Sigmund, Breuer Joseph, *Études sur l'hystérie,* traduction de Berman A., PUF, 2002 (parution originale en 1895).

Freud Sigmund, *Abrégé de psychanalyse*, traduction de Altounian J., Cotet P., Kahn F., Laplanche J., Robert F., PUF, 2012 (parution originale en 1940).

Freud Sigmund, «L'angoisse», *Introduction à la psychanalyse*, traduction de Jankélévitch S., Payot, 1922 (parution originale en 1916-1917).

Freud Sigmund, *L'Avenir d'une illusion*, traduction de Bonaparte M., PUF, 1971 (parution originale en 1927).

Freud Sigmund, *Cinq psychanalyses*, traduction de Altounian J., Cotet P., Kahn F., Lainé R., Robert F., Stute-Cadiot J., PUF, 2014 (parution originale en 1935).

Freud Sigmund, *Deuil et mélancolie*, traduction de Weill A., Payot & Rivages, 2011 (parution originale en 1917).

Freud Sigmund, «La disparition du complexe d'OEdipe», *OEuvres complètes*, volume xvii, PUF, 1992 (parution originale en 1923).

Freud Sigmund, «Le fétichisme», *La Vie sexuelle*, traduction de Berger D., PUF, 1969 (parution originale en 1927).

Freud Sigmund, *Inhibition, symptôme et angoisse*, traduction de Doron J., Doron R., PUF, 2016 (parution originale en 1926).

Freud Sigmund, *L'Interprétation du rêve*, traduction par Altounian J., Cotet P., Lainé R., Rauzy A., Robert F., PUF, 2012 (parution originale en 1900).

Freud Sigmund, *Le Malaise dans la culture*, traduction de Cotet P., Lainé R.,

Stute-Cadiot J., PUF, 2015 (parution originale en 1930).

Freud Sigmund, «Le Moi et le Ça», *OEuvres complètes*, volume xvi, traduction de Baliteau C., Bloch A., Rondeau J.-M., PUF, 1991 (parution originale en 1923).

Freud Sigmund, «Pulsions et destin des pulsions», *Métapsychologie*, traduction de Laplanche J., Pontalis J.-B., Gallimard, 1968 (parution originale en 1915).

Freud Sigmund, *La Question de l'analyse profane*, traduction de Altounian J., Bourguignon A., Cotet P., Lainé R., Rauzy A., PUF, 2012 (parution originale en 1926).

Freud Sigmund, *Le Roman familial des névrosés*, traduction de Mannoni O., Payot & Rivages, 2014 (parution originale en 1909).

Freud Sigmund, *Notre relation à la mort ; (précédé de) La Désillusion causée par la guerre*, traduction par Cotet P., Bourguignon A., Cherki A., Payot & Rivages, 2012 (parution originale en 1915).

Freud Sigmund, *Nouvelles Conférences d'introduction à la psychanalyse*, traduction de Berman A., Gallimard, 1936 (parution originale en 1933).

Freud Sigmund, *Pour introduire le narcissisme*, traduction de Mannoni O., Payot & Rivages, 2012 (parution originale en 1914).

Freud Sigmund, *Psychologie des foules et analyse du moi*, traduction de Cotet P., Bourguignon A., Payot & Rivages, 2011 (parution originale en 1921).

Freud Sigmund, *Un trouble de mémoire sur l'Acropole ; (suivi de) Rêve et télépathie*, traduction de Robert M., Altounian J., L'Herne, 2015 (parution originale en 1904).

Lacan Jacques, *Le Mythe individuel du névrosé ou Poésie et vérité dans la névrose*, Centre de documentation universitaire, 1956 (exposé de 1953).

Lacan Jacques, *Le Séminaire, Livre V : Les Formations de l'inconscient*, Seuil, 1998 (séminaires de 1957-1958).

Lacan Jacques, *Le Séminaire, Livre XX : Encore*, Seuil, 1975 (séminaires de 1972-1973).

Lacan Jacques, *Télévision*, Seuil, 1974.

Lévi-Strauss Claude, *Sur les rapports entre la mythologie et le rituel*, Société française de philosophie, bulletin n° 1956 50 3, 1956 (exposé).

Rank Otto, *Le Mythe de la naissance du héros ; (suivi de) La Légende de Lohengrin*, Payot, 2000 (parution originale en 1909).

코믹스

Bendis Brian M., Coipel Olivier, *House of M*, Marvel Comics, 2005.
Bendis Brian M., Finch David, *Avengers Vol. 1 #500-#503*, Marvel Comics, 2004.
Byrne John, «Tell Them All They Love Must Die», *Fantastic Four Vol. 1 #280*, Marvel Comics, 1985.
Claremont Chris, Byrne John, «Child of Light and Darkness!», *The Uncanny X-Men Vol. 1 #136*, Marvel Comics, 1980.
Claremont Chris, Byrne John, «The Fate of the Phoenix!», *The Uncanny X-Men Vol. 1 #137*, Marvel Comics, 1980.
Claremont Chris, Cockrum Dave, «Like a Phoenix, from the Ashes», *X-Men Vol. 1 #101*, Marvel Comics, 1976.
Claremont Chris, Miller Frank, *Wolverine Vol. 1*, Marvel Comics, 1982.
Claremont Chris, Wein Len, Cockrum Dave, «Warhunt !», *The Uncanny X-Men Vol. 1 #95*, Marvel Comics, 1975.
Claremont Chris, «Where No X-Man Has Gone Before!», *X-Men Vol. 1 #107, Marvel Comics, 1977.*
Collectif, *Action Comics Vol. 1 #1*, DC Comics, 1938.
Collectif, *Spider-Man : Renouveler ses voeux*, Panini, 2019.
Collectif, *Detective Comics Vol. 1 #1000*, DC Comics, 2019.
Collectif, *Original Sin*, Marvel Comics, 2014.
Collectif, *Spider-Man : La Saga du clone*, éditions Panini, 2019-2020.
Collectif, *Wonder Woman Vol. 2*, DC Comics, 1987-2006.
Defalco Tom, Frenz Ron, Morgan Tom, Fry James, *The Amazing Spider-Man Vol. 1 #274*, Marvel Comics, 1986.
Dini Paul, Ross Alex, *Wonder Woman: Spirit of Truth*, DC Comics, 2001.
Jones Geoff, Franck Gary, *Batman: Earth One*, Earth One (DC Comics), 2012-2021.

Lee Stan, *The Amazing Spider-Man Annual Vol. 1 #1*, Marvel Comics, 1964.
Lee Stan, Kane Gil, *The Amazing Spider-Man Vol. 1 #100*, Marvel Comics, 1971.
Lee Stan, Lieber Larry, Kirby Jack, *Journey into Mystery Vol. 1 #83*, Marvel Comics, 1962.
Michelinie David, Layton Bob, Romita John, Infantino Carmine, *The Invicible Iron Man Vol. 1 #120-128*, Marvel Comics, 1979.
Millar Mark, Johnson Dave, *Superman: Red Son*, DC Comics, 2003.
Miller Franck, Mazzucchelli David, *Daredevil : Renaissance*, éditions Bethy, 1998.
Miller Frank, Romita John Jr., *Daredevil : L'Homme sans peur*, éditions Bethy, 1997.
Miller Franck, *The Dark Knight Returns*, DC Comics, 1986.
Moore Alan, Bolland Brian, *Batman : Killing Joke*, Urban Comics, 2014 (première édition en 1988).
Moore Alan, Gibbons Dave, *Watchmen*, 1986-1987.
Moore Alan, Lloyd David, *V for Vendetta*, DC Comics, 1982-1990.
Rucka Greg, Sharp Liam, *Wonder Woman Vol. 1: The Lies*, DC Comics, 2017.
Slott Dan, Schiti Valerio, *Tony Stark: Iron Man Vol. 1 Self-Made Man*, Marvel Comics, 2019.
Straczynski J. Michael, Quesada Joe, *Spider-Man : Un jour de plus*, 2011.
Waid Mark, Ross Alex, *Kingdom Come*, DC Comics, 1996.

영화

Donner Richard (réa.), *Superman*, 1978.
Gunn James (réa.), *Les Gardiens de la Galaxie*, 2014.
Gunn James (réa.), *Les Gardiens de la Galaxie Vol. 2*, 2017.
Johnson Kenneth, *L'Incroyable Hulk*, 1977-1982.
Nolan Christopher (réa.), *The Dark Knight Rises*, 2012.
Reeves Matt (réa.), *The Batman*, 2022 (bande-annonce).
Russo Anthony, Russo Joe (réa.), *Avengers : Infinity War*, 2018.
Russo Anthony, Russo Joe (réa.), *Avengers : Endgame*, 2019.

Snyder Zack (réa.), *Batman v. Superman : L'Aube de la justice*, 2016.

Snyder Zack (réa.), *Man of Steel*, 2013.

Waititi Taika (réa.), *Thor : Ragnarok*, 2017.

프로이트와 슈퍼히어로
-정신분석이 슈퍼히어로를 만날 때

초판 1쇄 발행 | 2023년 10월 31일

지 은 이 | 앙토니 위아르
옮 긴 이 | 이세진
펴 낸 이 | 이은성
편 집 | 홍순용
교 정 | 이한솔
디 자 인 | 파이브에잇

펴 낸 곳 | 필로소픽
주 소 | 서울시 종로구 창덕궁길 29-38, 4-5층
전 화 | (02) 883-9774
팩 스 | (02) 883-3496
이 메 일 | philosophik@naver.com
등록번호 | 제2021-000133호

ISBN 979-11-5783-309-2 93100

필로소픽은 푸른커뮤니케이션의 출판 브랜드입니다.